Der Erste Weltkrieg

Lutz Unterseher

Der Erste Weltkrieg

Trauma des 20. Jahrhunderts

Lutz Unterseher
Berlin, Deutschland

ISBN 978-3-658-05043-6   ISBN 978-3-658-05044-3 (eBook)
DOI 10.1007/978-3-658-05044-3

Die Deutsche Nationalbibliothek verzeichnet diese Publikation in der Deutschen Nationalbibliografie; detaillierte bibliografische Daten sind im Internet über http://dnb.d-nb.de abrufbar.

Springer VS
© Springer Fachmedien Wiesbaden 2014
Das Werk einschließlich aller seiner Teile ist urheberrechtlich geschützt. Jede Verwertung, die nicht ausdrücklich vom Urheberrechtsgesetz zugelassen ist, bedarf der vorherigen Zustimmung des Verlags. Das gilt insbesondere für Vervielfältigungen, Bearbeitungen, Übersetzungen, Mikroverfilmungen und die Einspeicherung und Verarbeitung in elektronischen Systemen.

Die Wiedergabe von Gebrauchsnamen, Handelsnamen, Warenbezeichnungen usw. in diesem Werk berechtigt auch ohne besondere Kennzeichnung nicht zu der Annahme, dass solche Namen im Sinne der Warenzeichen- und Markenschutz-Gesetzgebung als frei zu betrachten wären und daher von jedermann benutzt werden dürften.

Lektorat: Frank Schindler, Stefanie Loyal

Gedruckt auf säurefreiem und chlorfrei gebleichtem Papier

Springer VS ist eine Marke von Springer DE. Springer DE ist Teil der Fachverlagsgruppe Springer Science+Business Media.
www.springer-vs.de

„Daß i des hob erleb'n dürfen."

Kaiser Franz Joseph
am 21. November 1916
auf seinem Sterbebett im
Wiener Schloss Schönbrunn.

Inhalt

Statt einer Einleitung:
Die sich selbst erfüllende Prophezeiung 9

Kapitel 1
Vor dem Krieg: Mächte und Machenschaften 13
Imperialismen und Nationalismen 15
Angriffsgeist und ein gefährlicher Wettlauf 21
Flottenrüstung als Symbol 27

Kapitel 2
Wichtige Schauplätze: Ein Überblick 33
Westen, Osten und Italien 35
Balkan und Vorderer Orient 41
Kreuzerkrieg – Kampf um Kolonien 49

Kapitel 3
Technik, Taktik, Kriegsbild: Sieg der Defensive 51
Waffen der Verteidigung 53
Entwicklung des Stellungskrieges 57
Zwei große Desaster 61

Kapitel 4
Perspektive: Wege zur Rettung des Krieges 67
Konzept der Dynamik 69
Technologien der Bewegung 75
Das U-Boot: Giftzahn des Schwachen 83

Kapitel 5
Materialschlacht: Wirkung auf Seele und Geist 91
Das große Zittern 93
Wie Jünger den Krieg retten wollte 101
Remarques Engagement 107

Kapitel 6
Nachwirkungen: Neuzuschnitt der Welt 111
Schub für den Nationalismus 113
Hypothek in Palästina 117
Eine höhere Ebene 121

Materialanhang 125
Opferzahlen 127
Leseliste 129
Autor 131

Statt einer Einleitung:
Die sich selbst erfüllende Prophezeiung

*War,
what is it good for?
Absolutely nothin'.*

Edwin Starr

Luzide Weitsicht

Ivan (Jean) Bloch (1836–1902) war ein in Radom gebürtiger Bankier jüdischer Herkunft, der kritische Militärpublizistik zu seinem Steckenpferd gemacht hatte. In dem Werk über den „Krieg der Zukunft" malte er ein düsteres Gemälde von dem, was die Menschen in Europa möglicherweise zu erwarten hätten (La Guerre, Paris 1889).

Die deutsche Übersetzung des russischen Originaltitels: „Der Krieg der Zukunft – unter den Gesichtspunkten von Technik, Ökonomie und Politik".

In diesem Werk verarbeitete er die technologisch-gesellschaftlichen Entwicklungen seiner Zeit und bezog sie auf die Möglichkeit eines militärischen Zusammenstoßes. Sehr klar sah er die enorme Steigerung der Feuerkraft seit etwa der Mitte des 19. Jahrhunderts:

Vervielfachung der Explosivkraft von Geschossen, Zunahme von Präzision, Reichweite, Feuergeschwindigkeit der Gewehre und Geschütze durch Einführung gezogener Läufe und des Hinterladeprinzips sowie das Erscheinen der ersten Schnellfeuerwaffen in den Armeen: von der französischen *Mitrailleuse* bis zum Maschinengewehr des Konstrukteurs *Hiram Maxim* (1840–1916).

Ebenso verzeichnete Bloch die Mobilisierung der Massen – vor allem für die Industrie, aber auch die Streitkräfte – und die enorme Steigerung der Produktivität in den wichtigsten Staaten Europas. Staaten, die gegeneinander gerichtete Interessen zeigten, ohne dass es etablierte, erprobte Mittel wirksamer Schlichtung gegeben hätte.

Einen künftigen Krieg stellte er sich etwa so vor, wie der Erste Weltkrieg dann tatsächlich ablief: als einen machtpolitisch getriebenen Zusammenstoß riesiger Massen von Soldaten, die über leistungsfähige Eisenbahnnetze herangeschafft und versorgt wurden. Dazu eine vor allem aufgrund der erdrückenden Feuerkraft überlegene Defensive auf beiden Seiten, die jegliche Angriffsunternehmung in Strömen von Blut ertränkte: als Resultat ein zermürbender Stellungskrieg und die allgemeine Demoralisierung der Soldaten mit der Folge von Meutereien und sich epidemisch ausbreitender Kriegsmüdigkeit.

Bloch sagte voraus, dass europäische Gesellschaften durch einen solchen Zusammenstoß, eine solche „Blutpumpe", um den Ausdruck eines deutschen militärischen Führers zu gebrauchen, in ihren Grundfesten erschüttert werden würden, dass politische Unruhen, Revolutionen und Bürgerkriege im Gefolge des Desasters erwartet werden müssten. Und auch dies traf zu. Man denke etwa nur an Deutschland, Österreich-Ungarn und Russland am Ende des Ersten Weltkrieges!

Dem polnischen Bankier erschien die von ihm aufgezeigte Perspektive als so fürchterlich, dass er sie in ihren Konsequenzen für „unmöglich" hielt: *Der wegen der Entwicklung der Produktivkräfte nicht mehr führbare Krieg. Industrielle Entwicklung als Friedensbringer.*

Dies erinnert an das Gedankengut der Saint-Simonisten, einer Art von Industrie-Anbetern im Frankreich der ersten Hälfte des 19. Jahrhunderts. (In dieser Sekte waren Pariser Intellektuelle versammelt, die sich als geistige Erben und Vollstrecker eines bedeutenden französischen Sozialphilosophen sahen: nämlich des *Claude Henri de Rouvroy, Graf von Saint-Simon, 1760–1825*).

Wohl wollte Bloch daran glauben, dass die Aussicht auf eine alles vernichtende Katastrophe abschreckend wirken könnte. Aber zugleich fürchtete er auch, dass aus der Dynamik politischer Entwicklung heraus das „Unmögliche" dennoch geschehen würde.

So zog er denn unermüdlich durch Europa, bis an die Grenzen seiner Kraft: von Hauptstadt zu Hauptstadt, hielt Reden in mehr oder minder gefüllten Festsälen, um die Menschen zu warnen. Dabei empfand er schmerzlich, dass der in seiner Zeit sich entwickelnde Patriotismus (oder eher: Chauvinismus) es fast unmöglich machte, ein wirklich großes Publikum zu erreichen, und bemerkte schließlich auch, dass er den „interessierten" Kreisen in Politik und Militär höchst ungelegen kam.

Ivan Bloch wurde 1901 für den ersten Friedensnobelpreis vorgeschlagen, ging dabei allerdings leer aus. Den Preis teilten sich damals ein heute kaum noch bekannter Pionier der französischen Friedensbewegung und *Henri Dunant* (1828–1910), der geistige Vater der Genfer Konvention.

Jubiläen

2014 jährt sich der Beginn des Ersten Weltkrieges zum hundertsten Mal. Die Menschen unseres Kulturkreises schätzen Jubiläen mit der Zahl Hundert oder auch dem Mehrfachen davon. Seltsam.

Wenn ein wichtiges Ereignis, Geburt oder Tod einer bedeutenden Persönlichkeit sich hundertmal oder mehrere hundert Male jähren, sind wir meist geneigt, ein Fest der Aufmerksamkeit zu feiern. Allerdings: Der, die oder das zu Feiernde muss uns emotional berühren.

2012 war das Jahr *Friedrichs II.*, des Preußenkönigs, der 1712 geboren wurde (gestorben 1786). Was für ein Aufwand! Ausstellungen und vor allem auch Publikationen aus diesem Anlass gab es zuhauf.

Was an Friedrich fasziniert, emotional berührt? Vielleicht seine als grausam wahrgenommene Erziehung? Das zähe Durchhalten nach verlorenen Schlachten? Seine musische Ader? Die Misanthropie? Das Faible für Windhunde und junge Kerle? Oder alles zusammen?

Kritik an dem zu Würdigenden, der Blick auf den *wahren* Fritz, seine gespaltene Persönlichkeit, war durchaus erwünscht. Authentizität liegt schließlich im Trend.

Doch sogar jene Autoren, die zu einem durchweg negativen Urteil gekommen waren, die erkannt hatten, dass Friedrich sich emsig bemühte, das solide Erbe des Vaters durchzubringen (dies auch beinahe geschafft hätte), konnten sich zumeist nicht dazu durchringen, ihm das Attribut „der Große" zu entziehen.

Auch 2014, anlässlich des dem Ersten Weltkrieg zu widmenden Jubiläums, ist mit relativ breiter Aufmerksamkeit zu rechnen. Zu hoffen wäre, dass die in diesem Kontext stehenden Veranstaltungen und Publikationen „ergebnisoffener" (o schreckliche akademische Sprache!) sein werden als die im Jahre Friedrichs.

Kaum jemand wird sich noch an den weitsichtigen Ivan Bloch erinnern, der auf unheilvolle Trends verwies. Viele dürften aber vom Ersten Weltkrieg auf eine fast morbide Weise fasziniert sein: nicht nur weil sie dabei an die „Urkatastrophe des 20. Jahrhunderts", die große Zeitenwende denken, sondern vor allem auch wegen des Eindrucks, es mit einem sich vorher ankündigenden, virtuell unvermeidlichen Geschehen zu tun zu haben.

Die Gefahr, dass sich die Erinnerung an den Ersten Weltkrieg auf eine oder wenige illustre Personen kapriziert, besteht wohl kaum. Zu komplex ist das Geschehen, zu vielfältig sind die Akteure.

Eher besteht Grund zur Besorgnis, dass sich der Diskurs auf die „Katastrophe an sich", eine Spekulation über die „tieferliegenden Ursachen" und – wieder einmal – auf die „Schuldfrage" fokussiert. Das Phänomen dieses Krieges fordert aber eine differenziertere Analyse. Dazu will diese Sammlung von Essays einen kleinen Beitrag leisten.

Fokussierung

Zwar geht es bei dieser Analyse um Differenzierung, um eine gewisse Breite des Ansatzes. So wird, wenn immer es sinnvoll und möglich erscheint, gezielt über den Tellerrand geschaut: eine verengt deutsche Sichtweise transzendiert.

Allerdings hat sich im Sinne der Kompaktheit dieser Sammlung von Essays zugleich auch eine inhaltliche Fokussierung als nützlich erwiesen:

Im Brennpunkt stehen außenpolitische Voraussetzungen, Zusammenhänge und Folgen des Geschehens sowie vor allem der Krieg selbst, seine Dynamik, das Erscheinungsbild und die Wirkung auf die unmittelbar Beteiligten. Innenpolitisches ist anderen Aufarbeitungen vorbehalten.

Kapitel 1
Vor dem Krieg:
Mächte und Machenschaften

Im Blickpunkt steht der Vorabend des Ersten Weltkrieges: Es geht um die relevante Geschichte sowie die vor dem Beginn des großen Zusammenstoßes unmittelbar bedeutsamen Ereignisse und Kalküle. Untersucht werden Konstellationen und Relationen: die Beziehungen der – staatlichen – Akteure zueinander, deren Interessen und Verstrickungen diese ins Desaster trieben.

Dazu ist zunächst eine Revue der relevanten Staaten zu liefern, die mit ihrer Regierungsform, ihren Potentialen, internen Problemen und Aspirationen vorgestellt werden. Die Darstellung strebt durch straffe Präsentation Übersichtlichkeit an.

In diesem Kontext werden dann die Verpflichtungen thematisiert, welche die Staaten untereinander eingegangen waren. Dabei geht es sowohl um deren Genese als auch die Situation bei Ausbruch des Krieges.

In einer weiteren Betrachtung steht zweierlei im Vordergrund: Zum einen das Angriffsdenken, das die Planungen der Armeen vor dem Ersten Weltkrieg wesentlich antrieb und formte. Es ist in seinen Ursprüngen zu erfassen. Dabei wird auf eine spezifisch preußisch-deutsche Tradition Bezug genommen.

Zum anderen der Mechanismus der Mobilmachung, der für die beteiligten Staaten extrem wichtig erschien – ohne dessen zeitgerechte Handhabung die politischen und militärischen Führungen sich angesichts akut empfundener Bedrohung von vornherein im Nachteil sahen:

Das zügige Auffüllen und In-Gang-Bringen der eigenen Streitkräfte war Bedingung und halbe Garantie des Sieges.

Schließlich wird im dritten Beitrag dieses Schwerpunktes gezeigt, wie die Rüstungskonkurrenz zwischen zwei großen Mächten mit divergierenden Machtinteressen verlief. Das Augenmerk gilt dem – von imperialen Ansprüchen getriebenen – maritimen Wettrennen zwischen Großbritannien und dem Deutschen Reich. Diese Konkurrenz steht beispielhaft für andere.

Imperialismen und Nationalismen

Profile und Potentiale

Um eine Grundlage für das Verständnis des Kriegsausbruchs und des weiteren Geschehens zu gewinnen, soll zunächst eine griffige Beschreibung der für die Schauplätze in Europa, Vorderasien und Afrika militärisch relevanten Staaten gegeben werden (Japan bleibt also ausgeblendet).

Diese Staaten sind in ihren Merkmalen und Machtansprüchen stichwortartig zu präsentieren. Dabei geht es um den Zustand *vor* Ausbruch der Katastrophe (beziehungsweise bei Kriegsbeginn für das jeweilige Land).

Allerdings: Bei den Daten zu den Umfängen der Streitkräfte handelt es sich um die Gesamtzahl der Soldaten, die ein Land im Krieg zum Dienst heranziehen konnte. Dies sagt über die Kriegsanstrengungen mehr als der jeweilige Ausgangsbestand.

Angaben nach Gerhard Hirschfeld, Gerd Krumeich, Irina Renz (Hg.): Enzyklopädie Erster Weltkrieg, Paderborn 2009, dazu ergänzend insbesondere das Kapitel „Weltkrieg" im Großen Brockhaus, Leipzig, ab 1928.

Staaten

Belgien: Konstitutionelle Monarchie, stark industrialisiert, kulturell-soziale Spannungen (Flamen – Wallonen), beträchtliche koloniale Ressourcen *(Belgisch-Kongo),* Bevölkerung: 7,6 Millionen, Soldaten: 270 000 – unmittelbar nach der Mobilmachung (vor der deutschen Okkupation).

Bulgarien: Konstitutionelle Monarchie, agrarisch geprägt, nationalistische Bevölkerungsmehrheit (die Befreiung vom „Türkenjoch" lag nicht lange zurück), Benachteiligung von Minderheiten, Gebietsansprüche gegenüber Nachbarn (Rumänien, Serbien, Griechenland, Osmanisches Reich), Bevölkerung: 4,6 Millionen, Soldaten: 600 000.

Deutschland: Konstitutionelle Monarchie (mit großem Gewicht der Krone), stark industrialisiert, Erwartung weiterer Expansion der Wirtschaft, relativ junge Nation, Nationalismus als soziale Klammer, mäßige – im Krieg nicht nutzbare – koloniale Ressourcen, geostrategische Machtkalküle (z. B. Vorderer Orient – Bagdadbahn), maritimes Geltungsdenken, Anspruch auf ungehinderte Teilnahme am Welthandel, Bevölkerung: 67,5 Millionen, Soldaten: über 13 000 000.

Frankreich: Zentralistische, parlamentarische Demokratie, industrialisiert, tief gespalten in ein konservatives und ein liberales Lager, Revanchedenken gegenüber Deutschland wegen der Gebietsverluste im Krieg von 1870/71, saturierter Imperialismus, beträchtliche koloniale Ressourcen, Bevölkerung: 39,6 Millionen, Soldaten aus dem Mutterland: über 8 000 000, aus Nordafrika und den übrigen französischen Gebieten: ca. 450 000.

Griechenland: Konstitutionelle Monarchie, agrarisch geprägt, nationalistisch (Einfluss der „panhellenischen" Bewegung), territoriale Ansprüche gegenüber Bulgarien, Italien, Serbien und dem Osmanischen Reich (Makedonien, Thrakien, ionische Inseln, Westküste Kleinasiens), Bevölkerung: 2,9 Millionen, Soldaten: 230 000.

Großbritannien (und Irland): Konstitutionelle Monarchie (entscheidendes Gewicht beim Parlament), stark industrialisiert, saturiertes Zentrum eines Weltreiches, in dem es vielerorts Unabhängigkeitsbestrebungen gab, große im Empire mobilisierbare Ressourcen, Anspruch auf globale maritime Dominanz, Bevölkerung: 46,1 Millionen, Soldaten aus dem Mutterland: über 6 000 000, ANZAC (Australian – New Zealand Army Corps): 430 000, britische Kolonien: 2 400 000.

Italien: Konstitutionelle Monarchie, Spaltung in einen agrarisch orientierten Süden und den sich industrialisierenden Norden, relativ junge Nation, Nationalismus als soziale Klammer, imperiale Aspirationen: Kolonien in Afrika (Libyen, Eritrea), Inseln in der Ägäis, daraus geringer Ertrag an Ressourcen, territoriale Ansprüche gegenüber Österreich-Ungarn, Bevölkerung: 35,9 Millionen, Soldaten: 4 300 000.

Montenegro: Konstitutionelle Monarchie (autokratische Tendenz), Agrarwirtschaft, unterentwickelt, nationalistisch, Gebietsansprüche gegenüber Albanien, Bevölkerung: 440 000, Soldaten: 50 000.

Österreich-Ungarn: Konstitutionelle Doppelmonarchie, teilweise industrialisiert (große Ungleichgewichte), Vielvölkerstaat, Machtverteilung zu Ungunsten vor allem des slawischen Bevölkerungsanteils, Unabhängigkeitsbestrebungen insbesondere der West- und der Südslawen, prekäre Territorialgewinne und Machtinteressen auf dem Balkan, ansonsten aber saturiert und eher bestandsorientiert, Bevölkerung: 52,6 Millionen, Soldaten: 9 000 000.

Osmanisches Reich: Konstitutionelle Monarchie, De-facto-Herrschaft einer Offiziersjunta, Agrarwirtschaft – dünn besiedelt, regionale Ungleichgewichte (Entwicklungsdefizite), Vielvölkerstaat (Unabhängigkeitsbestrebungen), großtürkische Aspirationen: Gebietsansprüche gegenüber Griechenland, Bulgarien und Russland, Bevölkerung: 17 Millionen, Soldaten: 1 600 000.

Portugal: Bürgerliche Republik, agrarisch – auch durch Fischerei – geprägt, wenig entwickelt, britisch dominiert, politisch instabil, beträchtlicher Kolonialbesitz (insbesondere in Afrika), Bevölkerung: 6,1 Millionen, Soldaten: 100 000.

Rumänien: Konstitutionelle Monarchie, Agrarwirtschaft, nationalistisch, Gebietsansprüche vor allem an Österreich-Ungarn (insbesondere wegen der rumänischen Bevölkerung im damals ungarischen Siebenbürgen), aber auch an Russland (Bessarabien), Bevölkerung: 7,4 Millionen, Soldaten: 1 000 000.

Russland: Konstitutionelle Monarchie, großes Gewicht der Krone, agrarisch geprägt, Industrialisierung in einigen Zentren, hohes Wirtschaftswachstum, Rohstoffreichtum, soziale Ungleichgewichte, Vielvölkerstaat mit starken Unabhängigkeitsbestrebungen, imperialistisch, Stoßrichtungen: Ferner Osten, Afghanistan-Persien-Indischer Ozean, Kaukasus-Anatolien, Schwarzes Meer-Dardanellen-Mittelmeer sowie Balkan, Bevölkerung: 167 Millionen, Soldaten: fast 16 000 000.

Serbien: Konstitutionelle Monarchie, agrarisch orientiert, nationalistisch (Einfluss der großserbischen Bewegung), starke extremistische Kräfte, Expansionismus, erhebliche Gebietsansprüche an Österreich-Ungarn (Bosnien-Herzegowina), Bulgarien und Griechenland, Bevölkerung: 3,1 Millionen, Soldaten: 750 000.

Vereinigte Staaten: Bundesrepublik mit demokratischer Präsidialverfassung, stark industrialisiert, beträchtliches Wirtschaftswachstum, Nationalismus als Klammer kultureller Diversität, imperialer Anspruch auf die Kontrolle Lateinamerikas, Machtinteressen in Südostasien (die Philippinen als US-amerikanische Basis), Bevölkerung: 98,8 Millionen, Soldaten: 4 750 000.

Konstellationen und Beziehungen

Um das Verhältnis zwischen den Mächten im Jahre 1914 besser verstehen zu können, erscheint ein Ausflug in die Vorgeschichte sinnvoll. Dieser ist bereits von vielen unternommen worden. Deswegen hier nur die großen Linien, deren Verlauf die zunehmende Isolierung Deutschlands anzeigt:

Um die Position des Deutschen Reiches in Europa zu festigen und das im Krieg von 1870/71 gedemütigte Frankreich auf seinen Platz zu verweisen, hatte Reichskanzler *Otto Fürst von Bismarck-Schönhausen* (1815–1898) ein Bündnis mit Russland und Österreich-Ungarn zu Stande gebracht („Dreikaiserverhältnis").

Dieses wurde allerdings wegen der sich zuspitzenden Konkurrenz Österreich-Ungarns und Russlands um Einfluss auf dem Balkan obsolet. (Auf dem Balkan blühten die Nationalismen, das Osmanische Reich befand sich auf dem Rückzug.)

Das Deutsche Reich und Österreich-Ungarn schlossen daraufhin 1879 für den Fall eines russischen Angriffes, aber auch anderer Bedrohungen, ein Verteidigungsbündnis, dem 1882 Italien beitrat – wodurch aus dem Zwei- der *Dreibund* wurde. Großbritannien stieß als stiller Teilhaber hinzu, da es sich 1887 in einem Abkommen mit Italien und Österreich über Interessen im Mittelmeerraum und auf dem Balkan verständigt hatte *(Mittelmeerabkommen).*

Schon vorher, nämlich 1881, hatte sich Russland wieder den beiden früheren Partnern angenähert. Die drei Kaiserreiche sicherten einander in einem neuerlichen Vertrag wohlwollende Neutralität für den Fall zu, dass eines von ihnen in Auseinandersetzungen mit einer anderen Macht verstrickt werden würde. Als dieser Vertrag 1887 auslief, wurde er wegen des wieder auflebenden österreichisch-russischen Gegensatzes nicht zu dritt erneuert, sondern ersetzt durch den deutsch-russischen „Rückversicherungsvertrag", welcher ebenfalls „wohlwollende Neutralität" vorsah. Der Dreibund von 1882 blieb davon unberührt.

Nach Bismarcks Sturz im Jahre 1890 wurde der Rückversicherungsvertrag trotz russischer Bereitschaft nicht verlängert. Die Gründe? Die – gerade erst erblühte – „Nibelungentreue" gegenüber Österreich-Ungarn? Die Annahme der deutschen Diplomatie, dass der Dreibund und der Vertrag mit Russland nicht miteinander vereinbar wären? Geschwollenes deutsches Selbst- und Machtbewusstsein? Schlichte Dummheit? All dies mag zum Bruch mit der Bismarckschen Bündnispolitik beigetragen haben.

In der Folge entwickelte sich eine Annäherung Russlands an Frankreich, das dem aufstrebenden Riesenreich generös Investitionshilfen gab. Zunehmend überwand Frankreich seine Isolierung, zumal sich auch eine Verständigung mit Großbritannien abzeichnete.

Die Imperialismen der beiden waren, in Gestalt britischer und französischer Truppenteile, 1898 bei Faschoda im Sudan aufeinandergeprallt. Da die Akteure kein Interesse hatten, sich daraus einen größeren Krieg entwickeln zu lassen, gelangten sie bereits ein Jahr später zu der Einigung, Nordafrika in Einflusssphären aufzuteilen: der Westen für Frankreich, der Osten für Großbritannien.

Im Übrigen wurde die britisch-französische Annäherung dadurch beflügelt, dass Großbritannien – politisch, ökonomisch, militärisch – ein Gegengewicht zum Deutschen Reich suchte, von welchem es sich zunehmend entfremdet sah. So kam es 1904 zur *Entente Cordiale* zwischen Frankreich und Großbritannien.

1907 wurde Russland in dieses Bündnis aufgenommen *(Triple Entente)*. Es gab zwar noch immer nicht geringe Interessenkonflikte zwischen russischem und britischem Imperialismus. Doch glaubte man in London offenbar, durch die Anbindung des Zarenreiches zwei Fliegen mit einer Klappe schlagen zu können: zum einen sich über umstrittene Einflussgebiete in Asien (etwa in Persien) zu verständigen, zum anderen das Gewicht Deutschlands besser auszugleichen.

Die Entfremdung zwischen den Führungen des British Empire und des Deutschen Kaiserreiches bedarf der Erläuterung: war doch früher Preußen als Englands „Festlandsdegen" gesehen worden und hatte das junge Reich – als Gegengewicht zu Frankreich, der alten Konkurrenz Britanniens – zu Anfang durchaus auch Sympathien.

Es gab etliche Steine des Anstoßes, die in diesem Zusammenhang zu nennen wären. Die Erwähnung einiger weniger soll genügen:

Mitte der 1890er Jahre zeigten sich die ersten ernsthaften Verstimmungen in London: Da das Deutsche Reich mit einem intakten Osmanischen Reich eigene Machtinteressen verband, war es nicht bereit, sich auf Gespräche über eine Art „Notschlachtung" des *kranken Mannes am Bosporus* und eine Verteilung der resultierenden Beute einzulassen. Außerdem begann es, das Empire durch Sympathiebekundungen für die Freiheitsbewegung der Buren in Südafrika zu provozieren. In diesem Kontext schied Großbritannien als „stiller Teilhaber" des Dreibundes aus, indem es das Mittelmeerabkommen aufkündigte.

Im Empire sah man wesentliche Interessen tangiert – ein Eindruck, der noch dadurch verstärkt wurde, dass 1897 das Deutsche Reich auf chinesischem Boden, also – nach damaligem Verständnis – britischem Einflussgebiet, eine Kolonie errichtete (Kiautschau).

Die Irritation wuchs um ein Übriges, als die deutsche Führung auf die russisch-französische Annäherung reagierte und – erneut – um die Gunst der St. Petersburger Diplomatie buhlte. Zwar war dies erfolglos, doch genügte das Buhlen um die Gunst einer wesentlichen Konkurrenz, um in London weiteres Misstrauen zu erregen.

Der mit deutschen Mitteln begonnene Bau der Bagdadbahn, deren geostrategische Achse in Richtung Britisch-Indien zielte, vervollständigte das Bild.

Dies alles geschah vor dem Hintergrund eines Wettrennens um die Maximierung wirtschaftlicher und militärischer Macht. Zwar war Deutschland bei der Verteilung der Kolonien zu spät gekommen, also kein Empire im britischen Sinne, doch hatte es auf der Basis einer größeren und besser ausgebildeten Bevölkerung seine Wirtschaftskraft enorm, über die Britanniens hinaus, entfaltet und zu allem Überfluss auf maritimem Gebiet, der Domäne Englands, die Rolle des Herausforderers übernommen.

Eine weitere Folge dieser Entwicklung: In Rom wurde die britisch-deutsche Entfremdung mit Besorgnis verzeichnet, war man doch dort am Mittelmeerabkommen, dem Annex des Dreibundes, hauptsächlich deswegen interessiert gewesen, weil dadurch die italienischen Ansprüche in diesem Raum durch die Beteiligung Großbritanniens gleichsam rückversichert erschienen.

Mit dessen Ausscheiden schwand in Italien denn auch die Unterstützung für den Dreibund, zumal gegenüber dem Mitglied Österreich-Ungarn eine Reihe territorialer Ansprüche bestand.

Der dann während des Weltkrieges erfolgende Austritt Italiens aus dem Dreibund ließ keinen „Zweibund", sondern die „Mittelmächte" übrig.

Angriffsgeist und ein gefährlicher Wettlauf

Militärisches Denken

Zu Beginn des Ersten Weltkrieges war Angriff das generelle Prinzip der Kriegführung. Fast alle unmittelbar beteiligten Mächte griffen, sobald es irgend möglich war, an zumindest einer ihrer Fronten an.

Nur das kleine, schwache Serbien wählte zu Anfang des Krieges die Defensive, um alsbald gegenüber der Offensive Österreich-Ungarns einen wichtigen Erfolg einstreichen zu können. Und an der deutschen Ostfront, wo man sich anfangs – durch die Umstände bedingt – ebenfalls in der Defensive sah und aus der Nachhand schlagen musste, gelang gar ein Sieg von strategischer Bedeutung. Die eigentlichen Angriffsoperationen jedoch hatten keine wesentlichen Erfolge – eher im Gegenteil.

Typischerweise wurde das Heil in der großen Offensive gesucht, um rasch eine Entscheidung zu eigenen Gunsten herbeizuführen – in der Absicht, viele Opfer und langes Leiden vermeiden zu können. Durchaus ehrenwert.

Leider aber gelang das zu allermeist nicht, und ein kluger Beobachter hätte dies vor dem Hintergrund militärtheoretischer Einsichten mit ziemlicher Sicherheit vorhersagen können. Woher also die allgemeine Angriffsorientierung in Europa?

Wir Deutsche müssen uns hier an die eigene Nase fassen und eine nationale Tradition der Kritik aussetzen:

Es begann mit Friedrich II. Aus purer Ruhmsucht zettelte er Präventivkriege an, die zu seiner Zeit schon äußerst anrüchig waren und heute schlicht völkerrechtswidrig sind. Er suchte, immer im Angriff, Schlachten, von denen er *die* Entscheidung erhoffte. Zwar war er in manchen davon siegreich, doch unterlag er in einigen wirklich entscheidenden Begegnungen.

Wenn ihm sein kluger und tapferer Bruder *Heinrich* (1726–1802) nicht mit höchst erfolgreicher Defensive den Rücken freigehalten hätte, wäre die Lage Preußens allerdings noch schlimmer gewesen (eine exzellente Analyse bei Eva Ziebura: Prinz Heinrich von Preußen, Berlin 1999).

Friedrichs später geborene Apologeten verdrängten all dies zugunsten blinder Angriffsfixierung: So sehr, dass sie auch nicht davor zurückscheuten, den Kriegsphilosophen *Carl von Clausewitz* (1780–1831), der die Defensive sehr ernst nahm, im Sinne einer einseitigen Orientierung an der offensiven, möglichst alles vernichtenden Entscheidungsschlacht zu interpretieren.

Sie begingen diese unverzeihliche Schandtat vor dem Hintergrund der preußisch geführten, angriffsweise gewonnenen Kriege von 1864 (gegen Dänemark), 1866 (gegen Österreich) und 1870/71 (gegen Frankreich).

Mit diesen Siegen und seiner wohlorganisierten Armee war Preußen-Deutschland, gerade auch im Sinne der Angriffsorientierung, zum Modell für Europa geworden. Diese Orientierung verselbständigte, radikalisierte sich: bis hin zum *Schlieffenplan* samt seiner Vernichtungskonzeption, mit dem Deutschland 1914 gegenüber Frankreich alles auf eine Karte setzte (Urheber: Der preußische Generalstabschef *Alfred Graf von Schlieffen*, 1833–1913).

Die Denkweise der Offensive, und nur der Offensive, wird am besten in Einlassungen eines sächsischen Hauptmanns namens Meyer aus der Zeit vor dem Ersten Weltkrieg deutlich, der sich im „271. Bändchen" der damals viel gelesenen Reihe „Aus Natur und Geisteswelt" (Leipzig 1909) der Mühe unterzog, seine Zeitgenossen mit der Welt des Militärs vertraut zu machen:

> „… wird heute der deutsche Soldat durchweg erzogen: *ran an den Feind!* Nur die Schlacht bringt die Entscheidung, und da nur der Angreifer sich Zeit und Ort des Entscheidungskampfes wählen kann, der Verteidiger aber den ihm aufgezwungenen Kampf annehmen muß, hat das offensive Verfahren mehr Aussichten auf Erfolg als das defensive. Diese … so klare und einfache Lehre ist … bei weitem nicht immer in ihrer ganzen Bedeutung erkannt und in die Tat umgesetzt worden, ja es ist sogar recht selten geschehen. Prinz Heinrich von Preußen sagte von seinem Bruder, dem großen König: ‚Mein Bruder will immer bataillieren, das ist seine ganze Kunst.'
>
> Daß das Bataillieren auch tatsächlich die große Kunst des Krieges ist, das ahnte die doktrinäre Kriegswissenschaft jener Zeit freilich nicht." …

> „Wird nach errungenem Sieg der Feind erbarmungslos gehetzt, daß er sich nicht zu weiterem Widerstande sammeln kann, so ist auf baldige Beendigung des Krieges zu rechnen.
>
> Unterbleibt die Verfolgung, so wird auch nach ernsten Niederlagen ein energischer Führer … zu erneutem, um so erbittertem Widerstand Kräfte sammeln und in erneuter Schlacht, die den früheren Sieger zum mindesten die gleichen, vielleicht größere Opfer kostet, dem Schicksal Trotz bieten."

Auslöser

In den beiden Balkankriegen, 1912–1913 und 1913, waren Nationalismen aufeinandergeprallt: zuerst Italien, Bulgarien, Griechenland und Serbien mit dem kleinen Montenegro gegen das Osmanische Reich, dann Griechenland, Serbien/Montenegro, Rumänien und das Osmanische Reich gegen Bulgarien.

Es ging um Gebietsgewinne: zuerst zu Lasten des Osmanischen Reiches, später zu Lasten Bulgariens. Serbien konnte sein Staatsgebiet nahezu verdoppeln und wollte im Geiste der Schaffung eines großserbischen Staates immer noch mehr. Mit anderen Worten: Die beiden Kriege hatten die Lage keineswegs geklärt. Der Balkan blieb ein Pulverfass.

Am 28. Juni 1914 erschoss ein Student den österreichischen Thronfolger *Erzherzog Franz Ferdinand* (1863–1914) und seine Gemahlin in Sarajewo, der Hauptstadt Bosniens. (Bosnien-Herzegowina gehörte seit 1908, nach längerer Mandatszeit, zum österreichisch-ungarischen Staatsverband.)

Der Anschlag war von einem serbischen Geheimbund organisiert worden, den die Belgrader Regierung nicht unter Kontrolle hatte. Die Führung in Wien erwog militärische Strafmaßnahmen gegen Serbien: mit dem Ziel einer – auch territorialen – „Zurechtstutzung" (oder gar des Garaus?) dieses als Störenfried wahrgenommenen Staates. In österreichischen Zeitungen wurde gereimt: „Serbien muss sterbien".

Man entschloss sich aber, zunächst „nur" mit einem harschen Ultimatum zu reagieren. Serbien wurde darin aufgefordert, seine aggressive Propaganda einzustellen und das Attentat unter Beteiligung von Vertretern der Donaumonarchie auf eigenem Territorium untersuchen zu lassen. Die Regierung in Belgrad wies dieses Ansinnen zurück – allerdings erst, nachdem Signale aus St. Petersburg empfangen worden waren, die eine russische Rückendeckung verhießen.

Vorher hatte die Regierung in Berlin der Wiener Führung – grob fahrlässig oder kriegstreiberisch – *carte blanche* für deren eventuelles Vorgehen auf dem Balkan gegeben und Unterstützung für den Fall der Ausweitung des Konfliktes in europäische Dimensionen zugesagt. Mit einem Eingreifen Russlands wurde in der Entourage *Kaiser Wilhelms II.* (1859–1941) nicht gerechnet – glaubte man doch auf dynastische Solidarität setzen zu können und wurde doch die Armee des Zarenreiches fälschlicherweise für nicht einsatzbereit gehalten. Auch eine Intervention Frankreichs hielt man für unwahrscheinlich.

Doch es kam anders: Der nun ausbrechende Krieg zwischen Österreich-Ungarn und Serbien rief denn doch Russland auf den Plan. Das Unheil nahm seinen Lauf. Die wesentlichen Akteure getrieben von Machtgelüsten und dem Geist der Offensive.

Mobilmachungen, Kriegserklärungen

Russland hatte die Unterstützung Frankreichs und Großbritanniens. Das Deutsche Reich sah sich also, als Verbündeter der Donaumonarchie, vor der Perspektive eines Zweifrontenkrieges und traf entsprechende Vorkehrungen. Dazu gehörte auch, das zumindest formal neutrale Belgien ultimativ aufzufordern, deutsche Truppen auf seinem Territorium gegen Frankreich aufmarschieren zu lassen (weil nämlich der Schlieffenplan es verlangte, also angebliche militärische Zwänge die politische Richtung vorgaben). Die auf die Ablehnung folgende Verletzung der belgischen Neutralität, wie auch derjenigen Luxemburgs, provozierte Großbritannien um ein Übriges.

Wenn – fast – alle ihr Heil in einem möglichst frühen Angriff auf wesentlichen Fronten mit möglichst starken Truppen sahen, lag es nahe, dass es zu einem Wettrennen der Mobilmachungen kam. Und den Mobilmachungen folgten dann die Kriegserklärungen:

25. Juli			
nachmittags		Serbien	Allgem. Mobilmachung
abends		Österreich-Ungarn	Teilmobilmach. gegen Serbien, keine Maßnahmen an russischer Grenze
26. Juli			
frühmorgens		Russland	Beginn der Kriegsvorbereitungen
nachmittags		Großbritannien	Befehl, die Flotte zusammenzuhalten
28. Juli			
		Österreich-Ungarn	Kriegserklärung an Serbien
29. Juli			
nachmittags		Russland	Befehl: Allgem. Mobilmachung, aber wieder kassiert
nachmittags		Russland	Teilmobilmachung südl. Militärbez.
abends		Großbritannien	„Zustand drohender Kriegsgefahr"
30. Juli			
		Russland	Allgem. Mobilmachung

31. Juli		
vormittags	Österreich-Ungarn	Allgem. Mobilmachung
mittags	Deutsches Reich	„Drohende Kriegsgefahr"
nachmittags	Frankreich	Mobilis. an Ostgrenze
1. August		
nachmittags	Frankreich	Allgem. Mobilmachung
nachmittags	Deutsches Reich	Allgem. Mobilmachung
abends	Deutsches Reich	Kriegserklärung an Russland
2. August		
frühmorgens	Großbritannien	Mobilmachung der Flotte
abends	Deutsches Reich	Ultimatum an Belgien
3. August		
vormittags	Großbritannien	Mobilmachung des Landheeres
abends	Deutsches Reich	Kriegserklärung an Frankreich
4. August		
frühmorgens	Deutsches Reich	Belgische Antwort ungenügend/ Kriegszustand
abends	Großbritannien	Ultimatum an das Deutsche Reich, bedingte Kriegserklärung
6. August		
	Serbien	Kriegserklärung an das Deutsche Reich
	Österreich-Ungarn	Kriegserklärung an Russland

Für das Deutsche Reich begann der Krieg also am 1. August 1914 (Kriegserklärung an Russland).

Und wann war er für das Reich zu Ende? Mit dem von der Entente erbetenen Waffenstillstand am 11. November 1918.

Flottenrüstung als Symbol

Kaiserliche Träume und die „Risikoflotte"

Schon als Kronprinz zeichnete der künftige Kaiser Wilhelm II. mit seiner gesunden Hand sehr gerne Kriegsschiffe, die viele dicke, lange Kanonen hatten. Wenige Jahre nach seiner Thronbesteigung Ende 1888 las er das Hauptwerk des US-amerikanischen Marinedoktrinärs Admiral *Alfred Thayer Mahan* (1830–1910). Es hatte den Titel „The Influence of Sea Power upon History, 1600–1783" und war 1890 erschienen (5. Auflage, New York, New York 1987). Der jugendliche Kaiser soll es in nur einer Nacht verschlungen haben.

Mahan argumentierte in seiner kriegshistorischen Studie, dass die Kontrolle der Weltmeere wesentliche Voraussetzung für die globale Dominanz einer Macht und die Basis für deren ökonomische und politische Entwicklung sei. Wilhelm II., durch diese These inspiriert, kam zu dem Schluss, dass Deutschland, die aufblühende Industrie- und Handelsnation, wenn zwar nicht der Kontrolle der Meere, aber doch immerhin der maritimen Weltgeltung und auf jeden Fall des garantiert freien Zuganges zum globalen Schiffsverkehr bedürfe.

Ihm und seinen Beratern war bald klar, dass sich das Modell britischer Seeherrschaft, Mahans großes Vorbild, nicht so einfach kopieren – dass sich Britannien den Status als erste Flottenmacht nicht einfach nehmen lassen würde.

Denn der quantitative Vorsprung der Royal Navy schien gewaltig. Deren weltweite Präsenz konnte sich das umfassende, gut ausgebaute Stützpunktsystem des Empire zunutze machen, während das Deutsche Reich, mit seinem frisch erworbenen, eher kümmerlichen Kolonialbesitz, dem nichts Eindrucksvolles entgegenzusetzen hatte.

Im Übrigen wurde gesehen, dass die geostrategische Lage der Britischen Inseln zweierlei bedeutete: Zum einen den ungehinderten Zugang der Royal Navy zu den Weltmeeren und zum anderen – in einer Riegelfunktion vor der Nordsee –

die Möglichkeit, die deutsche Schifffahrt, also Handels- und Kriegsmarine, gleichsam einzusperren.

Was war in dieser Lage zu tun? Man hätte die Bedeutung maritimer Stärke für das Deutsche Reich, einer genuinen Landmacht, herunterspielen, sich auf den Küstenschutz beschränken und im Übrigen auf konstruktive Bündnispolitik setzen können, um die nationalen Handelsinteressen abzusichern.

Aber der Kaiser sah sich nicht als *softie*, sondern als gar markiger Mann und suchte nach einer Lösung, die maritime Potenz signalisierte. Die Flotte als Symbol deutschen Stolzes. Es begann also eine zielstrebige Aufrüstung der deutschen Kriegsmarine.

Die in steigenden Zahlen gebauten Kriegsschiffe verschiedener Kategorien waren vor allem für eine Konfrontation mit dem mutmaßlichen Hauptgegner in der Nordsee vorgesehen. Zwar wurden auch einige Einheiten, große und kleine Kreuzer, für den Schutz der Kolonien und das „Zeigen der Flagge" auf den Weltmeeren abgestellt, doch es waren weniger, als der Anspruch globaler Geltung nahegelegt hätte: Zu wenig ausgebaut erschien, wie bereits angedeutet, das überseeische Stützpunktsystem des Reiches. Zu wichtig war die militärische Behauptung in den Seegebieten zwischen deutscher Küste und offenem Ozean.

Wenn denn eine mögliche Konfrontation mit der Royal Navy im Mittelpunkt deutschen maritimen Denkens stand: Warum und wie, mit welchem Konzept, sollte das große Wagnis angegangen werden?

Die präferierte Lösung lag in der Idee der „Risikoflotte", einem Anfang des 20. Jahrhunderts entstandenen Geistesprodukt des *Alfred von Tirpitz* (1849–1930), des Erfüllungsgehilfen seines Kaisers und späterem „Großadmiral". Was war damit gemeint?

Mit dem Konzept der Risikoflotte wurde darauf verzichtet, im Hinblick auf die Zahl ihrer großen Einheiten mit der britischen *Home Fleet* gleichzuziehen. Die Risikoflotte sollte aber, quantitativ und vor allem auch qualitativ, stark genug sein, um gegenüber der Royal Navy die Offensive suchen zu können – und zwar mit der Perspektive, diese erheblich zu schwächen.

Die Aussicht auf eine derartige Aktion sollte Großbritannien davon abschrecken, im Falle eines großen europäischen Konflikts über das Deutsche Reich durch Sperrung der Nordsee-Ausgänge eine Seeblockade zu verhängen. Sollte dies aber dennoch geschehen, würde die Aufgabe der deutschen Flotte darin bestehen, durch Drohung mit einem Angriff die Aufhebung der Blockade zu erzwingen. Im schlimmsten Fall wäre der Zugang zum Atlantik aber energisch zu erkämpfen sein.

Einen möglichen Zusammenstoß der Kriegsflotten glaubte man vor allem auch deswegen bestehen zu können, weil fälschlicherweise angenommen wurde, die eigene Führung sei der britischen seetaktisch überlegen, und weil es die – ebenfalls irrige – Vermutung gab, die *Home Fleet* müsse im Konfliktfall *ständig* etliche große Einheiten für Aufgaben im Empire abordnen.

Auf dem Wege zum „Dreadnought"

Versetzen wir uns in die Zeit der Wende vom 19. zum 20. Jahrhundert! Das Rückgrat der damaligen Kriegsflotten bildeten die „Linienschiffe", was sich etwa 1905 in der russisch-japanischen Seeschlacht bei Tsushima erwies.

Was waren das für Dinger? Nach einer längeren Phase konzeptioneller Unsicherheit hatte sich bei allen größeren Kriegsmarinen in den 1890er Jahren ein neuer Schiffstyp herausgebildet. Ob in Großbritannien, Österreich-Ungarn, Russland, im Deutschen Reich oder in Japan: Einheiten dieses Typs sahen einander sehr ähnlich (was zum Teil wohl daran lag, dass manche von britischen Werften kamen).

Diese *Linienschiffe* wiesen typischerweise eine Wasserverdrängung zwischen 10 000 und 13 000 Tonnen auf. Sie waren für damalige Verhältnisse stark gepanzert und verfügten, vorn und achtern, über jeweils einen Zwillings-Geschützturm mit schwerer See-Artillerie. Außerdem gab es noch zahlreiche Geschütze kleineren Kalibers („Mittelartillerie"), die in Kasematten aufgestellt waren.

Den relevanten politischen Eliten der damaligen Welt erschien die maritime Dimension der Macht zunehmend wichtig: gab es doch im Kontext der kolonialen Entwicklung und der wachsenden Handelsbeziehungen zwischen den Industrienationen so etwas wie eine erste Phase der *Globalisierung*.

Infolgedessen wurde von fast allen damaligen Seemächten aufgerüstet, wobei das Linienschiff im Mittelpunkt der Anstrengungen stand. Sehr dynamisch verlief diese Entwicklung im Deutschen Reich: Während dessen Hochseeflotte 1895 über nur neun Linienschiffe verfügte, waren es 1905 bereits 19 (!).

Die allgemeine Linienschiff-Rüstung, besonders aber die deutsche, führte in der britischen Admiralität zu Irritationen. Man sah die im Interesse des Empire für unabdingbar gehaltene maritime Dominanz als gefährdet an (obwohl man doch möglichen gegnerischen Koalitionen immer noch deutlich überlegen war).

So kam es denn zu dem Beschluss, ein Superkriegsschiff zu bauen, das die Linienschiffe aller möglichen Konkurrenten auf einen Schlag entwerten würde – allerdings auch die eigenen.

1906 lief in Portsmouth die *Dreadnought* („Fürchtenicht") vom Stapel: Erstling einer langen Reihe ähnlich großer oder noch größerer Pötte. Mit diesem Schiff wurde ein Größensprung auf über 22 000 Tonnen Wasserverdrängung realisiert. Dadurch ließ sich diese Plattform noch stärker panzern als die Linienschiffe der Generation zuvor und mit zehn statt bisher vier schweren Geschützen bestücken.

Wider Erwarten entmutigte dieser Rüstungssprung die maritime Konkurrenz keineswegs. Japan, Russland, Österreich-Ungarn, Italien, Frankreich, die Vereinigten Staaten, das Deutsche Reich und sogar die südamerikanischen ABC-Staaten (Argentinien, Brasilien, Chile) gaben zumeist noch vor 1910 eigene „Dreadnoughts" in Auftrag. Das Wettrüsten war also erst richtig angeheizt und auf eine höhere Ebene gehoben worden.

„Dickschiffe" hatten allgemein die Bedeutung nationaler Identitätsausweise bekommen.

Die große Konkurrenz

Neben die Dreadnoughts, auch Großkampfschiffe genannt, traten bald Einheiten eines weiteren, ähnlichen Schiffstyps. Es handelte sich um Schlachtkreuzer *(battle cruisers)*: ebenfalls groß und stark bewaffnet, aber weniger gepanzert und dafür schneller. Sie sollten als schwerer Rückhalt leichter Aufklärungs- und Verzögerungskräfte fungieren.

Die Deutschen reagierten besonders schnell auf die britische Rüstungsinitiative. Ihr erster „Dreadnought", die Nassau, nach der eine Klasse von vier Schiffen benannt wurde, lief bereits 1908 vom Stapel.

Mit jeder neuen Klasse von Schiffen nahm deren Größe zu. Während die Nassau in ihrer Wasserverdrängung noch etwas unter 20 000 Tonnen lag, schlug der Schlachtkreuzer Derfflinger, der 1913 vom Stapel lief, schon mit 28 000 Tonnen zu Buche.

Kurz vor Ausbruch des Ersten Weltkrieges zählte die Hochseeflotte des Kaisers 21 „Dickschiffe", davon 16 Großkampfschiffe und fünf Schlachtkreuzer. Damit besaß sie das weltweit zweitgrößte Potential an solchen Einheiten. Zum Vergleich: Die Royal Navy hatte damals 34 vergleichbare Schiffe (nach Siegfried Toeche Mittler, Hg.: Die Deutsche Kriegsflotte 1914, Berlin 1914).

Damit bestand zwar noch ein nicht unbeträchtlicher Abstand zwischen den beiden Flotten, doch schien sich dieser allmählich zugunsten des Deutschen Reiches zu verringern: So hatte das Reich zu Anfang 1914 sieben weitere Großkampfschiffe und Schlachtkreuzer in Bau, während in Großbritannien acht solche Kolosse auf den Helligen lagen. Dies aber hätte nicht hingereicht, um den britisch-deutschen Abstand zu halten. (Im Krieg sollte die Royal Navy ihre Planzahl alsbald deutlich nach oben korrigieren.)

Großbritannien sah sich also nach langer Irritation angesichts der deutschen Flottenrüstung ernsthaft und zunehmend herausgefordert. Und diese Herausforderung nahm vor dem Hintergrund der offensiv gepolten Idee der „Risikoflotte" eine besondere Schärfe an.

Beides, die Marinerüstung und die dazugehörige Strategie, mag zur Entfremdung britischer und deutscher Politik mehr beigetragen haben als irgendeine andere Aktivität des Reiches.

Es ist eingewandt worden, dass die deutsche Marinerüstung durchaus nicht über das hinausging, was zu jener Zeit von einer großen Industrienation zu erwarten gewesen wäre – oder sogar noch darunter blieb. In diesem Zusammenhang ist auch von einer gezielten, feindseligen Übertreibung Londoner Kreise die Rede.

In der Tat, das deutsche Marinebudget für 1914/15 lag bei weniger als der Hälfte des britischen. Doch ist zu berücksichtigen, dass die Royal Navy neben den großen Pötten der *Home Fleet* einer riesigen Armada kleinerer Einheiten bedurfte, die gleichsam als verbindendes Element im weltumspannenden Empire zu fungieren hatte.

Hinzu kamen noch die Kosten für den Betrieb des globalen Netzes von Stützpunkten. Das Deutsche Reich hingegen konnte seine Ressourcen im Sinne der Konkurrenz in der Nordsee konzentrieren.

Kapitel 2
Wichtige Schauplätze:
Ein Überblick

Zu leisten ist in diesem zweiten inhaltlichen Schwerpunkt ein kursorischer Blick auf die Kriegsschauplätze: als Orientierungshilfe angesichts des komplexen Geschehens im Ersten Weltkrieg.

Angesprochen werden die jeweils relevanten Akteure beiderseits der Fronten. Und es geht auch um die militärische Entwicklung, die in diesem Zusammenhang allerdings nur in groben Zügen herauszuarbeiten ist.

Die Analyse konkreter operativ-taktischer Maßnahmen, neuer Kriegstechnik oder einzelner Schlachten bleibt anderen Diskussionen in diesem Band vorbehalten (Kapitel 3 und 4).

Im Zentrum des ersten Beitrages dieses Schwerpunkts stehen die West- und die Ostfront (aus deutscher Blickrichtung gesehen) sowie die militärische Auseinandersetzung Österreich-Ungarns und des Deutschen Reiches mit Italien.

(Der Krieg zwischen Österreich-Ungarn und Italien hatte auch eine maritime Dimension. Diese wird hier aber mangels Relevanz für den Gesamtverlauf der Ereignisse ausgeblendet.)

Der zweite Essay widmet sich dem – etwas unübersichtlichen – Kriegsgeschehen auf dem Balkan sowie insbesondere auch dem in Vorderasien. Der von deutschem Militär unterstützte Kampf des Osmanischen Reiches an divergierenden Fronten erscheint besonderer Aufmerksamkeit wert.

Der in diesem Kontext letzte Beitrag fragt danach, was im Krieg aus der weltweiten Präsenz des Deutschen Reiches wurde – und zwar sowohl auf die fern der Heimat operierenden Marine-Einheiten als auch auf die global verstreuten Kolonialgebiete bezogen.

Geht es jedoch um den Seekrieg, der von den heimischen Gewässern aus vom Deutschen Reich vor allem gegen Großbritannien geführt wurde, erscheint die bloß kursorische Behandlung unangemessen. Eine spezielle Studie findet sich in „Das U-Boot: Giftzahn des Schwachen" (Kapitel 4).

Als das Gemetzel begann, das auf den nächsten Seiten zu skizzieren ist, kursierten in Deutschland Sprüche wie:

Jeder Tritt ein Brit'.
Jeder Schuss ein Russ'.
Jeder Stoß ein Franzos'.

Schon bald aber verstummte derartig nassforscher Aberwitz.

Westen, Osten und Italien

Die französische Front

Die gigantische und immens verlustreiche Konfrontation in Frankreich (sowie in einem kleinen Teil des belgischen Flandern) hat das Bild vom Ersten Weltkrieg mehr geprägt als das Geschehen auf allen übrigen Schauplätzen.

An der „Westfront" stand ein Großteil des deutschen Heeres fast der gesamten französischen Armee sowie belgischen Truppenteilen und, bald nach Kriegsbeginn, einer zunehmend starken Interventions-Streitmacht der *British Army* gegenüber. Hinzu kam noch ein kleines russisches Expeditionskorps. Portugal, dem das Deutsche Reich im März 1916 den Krieg erklärt hatte, entsandte später ebenfalls einige Formationen.

Sehr massiv wurde die Unterstützung Frankreichs, nachdem Anfang April 1917 die Vereinigten Staaten in den Krieg eingetreten waren. Die ersten Großverbände der *US-Army* sowie der *Marines* standen um die Jahreswende 1917/18 in Europa zur Verfügung. Dieser Beitrag zum Krieg gegen das Deutsche Reich wurde von da an kontinuierlich verstärkt.

Der Krieg im Westen hatte unmittelbar nach dem 4. August 1914 mit dem Einmarsch deutscher Truppen in Belgien angefangen. Nach der vollständigen Einnahme der Festung Lüttich am 16. August begann dann die große strategische Angriffsbewegung der Deutschen über Belgien nach Frankreich hinein.

Bereits am 14. August war die französische Armee auf ihrem rechten Flügel, eine Woche später auch in der Mitte, wo sie den Hauptakzent setzte, sowie auf dem linken Flügel zur Offensive angetreten *(l'offensive à outrance)*. Diese Operationen scheiterten allesamt.

Der deutsche Angriff folgte in seinen Grundzügen dem *Schlieffenplan*. Dieser Plan sah für den Krieg gegen Frankreich einen möglichst starken rechten Flügel vor, der zunächst in Richtung Kanalküste streben (Abhaltung der Briten!) und dann, in einem großen Schwenk östlicher Richtung südlich an Paris vorbei, der Masse der französischen Kräfte in den Rücken fallen sollte. Annahme war, dass der zugunsten des rechten Flügels geschwächte linke der Deutschen das französische Gros immerhin fesseln könnte.

Die damit winkende Zerschlagung der Armee Frankreichs würde, dies eine weitere Annahme, so früh erfolgen, dass man sich dann noch rechtzeitig gen Osten zu wenden vermöchte, um mit der russischen Armee fertig zu werden. Denn die wurde im Hinblick auf Ihren Anmarsch für schwerfällig und langsam gehalten.

Tatsächlich aber gelang der große Schwenk nicht. So wurde der Radius der Bewegung erheblich verkleinert: bedingt vor allem dadurch, dass der Angriffsschwung der Deutschen immer mehr erlahmte.

Dies lag wohl weniger daran, dass – wie Schlieffen-Apologeten mein(t)en – der rechte Flügel nicht stark genug gemacht und verfrüht Potential an die Ostfront abgegeben wurde (die Russen kamen schneller als vorhergesehen).

Vielmehr war wohl eher relevant, dass der französische Widerstand sich immer mehr versteifte, weil man nämlich flugs der Vorteil der Defensive entdeckt hatte. Hinzu kam noch das Problem, dass die Leistung der deutschen Logistik den Anforderungen des geplanten zügigen und weitreichenden Marsches großer Truppenmassen nicht angemessen erschien.

Obwohl man den Bewegungsradius der deutschen Offensivkräfte hatte verkürzen müssen, erschienen diese dennoch sehr überdehnt. So ließen sich denn von der „Drehscheibe Paris" aus beträchtliche französische Reserven gegen die vermuteten Schwachstellen der deutschen Operation ansetzen.

Ergebnis: Im September 1914 kam der Bewegungskrieg an der Marne zum Stehen. Der Stellungskrieg begann und sollte das Geschehen noch bis in das Jahr 1918 hinein prägen. Den Verlauf der Konfrontation bis ins Einzelne nachzuvollziehen, würde den Rahmen dieser Abhandlung sprengen.

Typisch für den Stellungskrieg war, *nomen est omen,* dass sich die Front kaum und wenn, dann nur im – gefühlten – Schneckentempo bewegte. Während die Opferzahlen ins Horrende stiegen, der Materialverbrauch immer ruinöser wurde, schien der Krieg jede Richtung, jeden militärischen Sinn verloren zu haben.

In Erinnerung sind große Schlachten – zum Beispiel: „Ypern", „Verdun", „Somme", „Aisne und Champagne" oder „Cambrai". All diese Schlächtereien brachten dem Angreifer, wenn überhaupt, nur geringe Geländegewinne. Zwar ließen sich wiederholt Einbrüche in die Verteidigung des Gegners erzielen. Doch wurden daraus, zumindest bis Anfang 1918, keine wirklichen Durchbrüche, lokale Erfolge kaum ausgenutzt, Chancen verpasst. Zu sehr waren die militärischen Führer auf die Sicherheit der Flanken, auf systematisches Vorgehen fixiert.

In der ersten Hälfte des Krieges lag die Initiative für Großangriffe zwar nicht ausschließlich, aber doch in erheblichem Maße auch bei der deutschen Seite. Danach ging sie zu deren Gegnern über, die ihre Überlegenheit an Menschen und Material kontinuierlich ausbauten.

Wenn diese Überlegenheit zwar nicht unmittelbar in größeren offensiven Geländegewinnen resultierte, trug sie doch wesentlich zur Auszehrung der Kräfte des deutschen Heeres bei, das sich zunächst aber dennoch durch Innovationen auf dem Gebiet der Defensive zäh behaupten konnte.

In das Jahr 1918 fallen dann energische Anstrengungen, den Krieg „wieder in Bewegung" zu setzen. Zuerst gab es die deutsche Frühjahrsoffensive, die im Sinne eines Befreiungsschlages – mit letzter Kraft sowie nach „neuem Rezept" – geführt wurde und scheiterte. Dann kam eine Serie systematischer alliierter Großangriffe, die schließlich das Ende des deutschen Heeres im Westen brachten: eine vollständige Niederlage, keinen katastrophischen Zusammenbruch.

Die russische Front

An der russischen Front standen sich die zahlenmäßig überlegene Armee des Zaren, von britischen Hilfslieferungen unterstützt, und erhebliche Teile der Heere des Deutschen Reiches sowie der k. u. k.-Monarchie gegenüber.

Es wurde bereits angedeutet: Der russische Aufmarsch gelang erheblich schneller, als im Kontext des Schlieffenplans angenommen worden war. Bereits ab Mitte August 1914 begannen starke Verbände der Armee des Zaren nach Ostpreußen vorzudringen.

Doch gelang es unterlegenen deutschen Kräften, bei Tannenberg die *Narew*-Armee zu schlagen: aus der Defensive und bevor Verstärkungen aus dem Westen eingetroffen waren. Ihr kühner Gegenangriff ging ein beträchtliches, aber wohlkalkuliertes Risiko ein. Anschließend konnte, in der Schlacht bei den Masurischen Seen, auch die zweite, nördliche Angriffsarmee der Russen besiegt werden.

Es entwickelte sich ein Hin und Her. Der Bewegungskrieg hatte im Osten noch eine Chance. Dies war auch daran zu erkennen, dass hier – anders als im Westen – die Kavallerie, sogar in Großverbänden auftretend, noch eine gewisse Rolle spielte.

Dass der Krieg auf diesem Schauplatz nicht das Erscheinungsbild der Konfrontation in Frankreich zeigte, lag vor allem an der anderen Relation von Kräften und Raum. Die Frontlinie war um ein Mehrfaches länger, der zu deckende Raum jeweils groß: so groß, dass auch eindrucksvollste Truppenmassen darin gleichsam verschwanden.

Hinzu kam, dass insbesondere die russischen, mitunter aber auch die österreichisch-ungarischen Truppen Schwächen zeigten, die zur Ausnutzung durch den jeweiligen Gegner einluden. Schwächen, welche sich etwa aus Bewaffnungs- und

Versorgungsdefiziten, problematischer Menschenführung oder auch daraus herleiteten, dass Soldaten von Vielvölkerarmeen in ihrer Loyalität unsicher werden konnten („Slawen gegen Slawen").

Immer wieder gab es freilich auch längere Phasen des Stellungskrieges, während derer die Truppen hüben und drüben ihre „Wunden leckten", die Kräfte auffrischten und Vorbereitungen für die nächste Offensive trafen.

Um nach einer stationären Phase wieder Bewegung in den Krieg zu bringen, bedurfte es eines „Durchbruches". Insbesondere die deutsche Seite scheint auf diesem Gebiet operativ-taktische Pionierarbeit geleistet zu haben (dazu „Konzept der Dynamik" in Kapitel 4). Es wurden Neuerungen erdacht und erprobt, die später auch für den Krieg im Westen wichtig waren.

Trotz des bereits festgestellten „Hin und Her" bewegte sich – im generellen Trend – die Front gen Osten, in das Gebiet des Zarenreiches hinein. Schon vom Frühjahr 1915 an war deutsches Territorium nicht mehr tangiert worden. Und um die Jahreswende 1915/16 waren auch die österreichisch-ungarischen Gebiete, die an das Reich des Gegners grenzten, weitgehend feindfrei.

Dieses Gesamtbild änderte sich selbst dann nur partiell, als im Juni 1916 die so genannte „Brussilow-Offensive" die Front der Mittelmächte, insbesondere den österreichisch-ungarischen Abschnitt, gefährlich erschüttert hatte.

General *Alexej Alexejewitsch Brussilow* (1853–1926) erhielt 1916 den Befehl über die russische Südarmee und erzielte in einer letzten großen Anstrengung der Streitkräfte des Zaren Durchbrüche und beträchtliche Geländegewinne in Wolhynien, Galizien und in der Bukowina (also zum Teil auf österreichisch-ungarischem Gebiet).

Mit Mühe gelang es eilig zusammengekratzten Reserven der beiden Mittelmächte, den russischen Vormarsch einzudämmen und die Front notdürftig zu stabilisieren. Die Schwäche des einen war aber keineswegs die Stärke des anderen. Die russischen Truppen hatten bei dieser Offensive ihre Kräfte weitgehend verausgabt.

So kam es zu einer Art Patt beiderseitiger Schwäche. Auch die noch relativ intakten deutschen Heereskräfte enthielten sich größerer Angriffshandlungen.

Im März 1917 dann wurde in Russland die Monarchie gestürzt. Eine bürgerlich-sozialdemokratische Regierung kam ans Ruder. Sie setzte den Krieg an der Seite der Entente fort – und zwar wohl auch deswegen, weil die Mittelmächte keinerlei Angebote machten, die das Ausscheiden Russlands aus dem Krieg erleichtert hätten. Dabei wäre etwa an großzügige Konzessionen im Hinblick auf die eroberten russischen Gebiete zu denken gewesen.

Im Sommer 1917 riskierte die neue Regierung eine allerletzte – verzweifelte – Großoffensive Russlands, wiederum geführt von Brussilow, in der Massen von Soldaten rücksichtslos „verheizt" wurden. Nach anfänglichen Erfolgen Brussilows gelang den Truppen der Mittelmächte ein die russische Armee in ihren Grundfesten erschütternder Gegenangriff, mit dem die besetzten Teile Galiziens und der Bukowina zurückerobert wurden.

Im November 1917 brach die zweite Revolution des Jahres aus. Die Bolschewiki errangen die Macht und schickten sich an, ihre neu gebildete „Sowjetunion" möglichst unverzüglich aus dem Kriegsgeschehen zurückzuziehen. Die mit den Mittelmächten darüber geführten Verhandlungen blieben zunächst erfolglos, und deutsche Truppen – nun ohne nennenswerte Gegenwehr – marschierten in von ihnen noch nicht besetzte Gebiete des Baltikums ein, drangen auf großrussisches Territorium vor und tief in die Ukraine hinein.

Auf Druck der Mittelmächte nahm die junge Sowjetunion dann Anfang März 1918 im Frieden von Brest-Litowsk einen Friedensvertrag an, mit dem die Landnahme des deutschen Heeres zu großen Teilen abgesegnet wurde.

Diese „Vereinbarung" wurde im Rahmen des Waffenstillstandes, den die Entente mit dem Deutschen Reich schloss (11.11.1918), freilich wieder kassiert.

Die italienische Front

Italien hatte sich im April 1915 aus dem Dreibund mit dem Deutschen Reich und der k. u. k.-Monarchie ausgeklinkt und der Entente angeschlossen, um dann im Mai in den Krieg gegen die – verbleibenden – „Mittelmächte" einzutreten.

Italien, als vereinte Nation relativ jung, hatte Ansprüche an den großen Nachbarn im Norden. Es ging um die „Brennerlinie" *(il Brennero nostro)*, einige Gebietsbegradigungen, die Forderung, der Region Triest den Status eines Freistaats zu geben, und um Einfluss an der Adria.

Bereits 1914 hatte der latente Interessenkonflikt mit Österreich-Ungarn Italien davon abgehalten, mit dem Dreibund in den Krieg zu ziehen. Man war lieber neutral geblieben. Als dann die nationalistische Stimmung hochkochte, Österreich-Ungarn nicht hinreichend kompromissbereit und die Entente als bessere Vertreterin der eigenen Interessen erschien, wurden die Seiten gewechselt.

An der italienischen Front, gemeint ist eine Linie entlang der Südalpen und – bis zum Herbst 1917 – vor allem das Tal des Isonzo (westlich Triest), stand die Masse des königlich italienischen Heeres beträchtlichen Teilen der Armee Österreich-Ungarns gegenüber.

Die Ansprüche des Königreiches verlangten ein offensives Vorgehen, und das kam hauptsächlich in den Schlachten am Isonzo zum Ausdruck. Bis in das Jahr 1917 hinein gab es elf italienische Offensiven in diesem Gebiet – alle mit beträchtlicher Überlegenheit geführt, zumindest was den Umfang der eingesetzten Truppen anbelangt.

Gegen die schematisch und schwerfällig geführten Angriffe konnten die österreichisch-ungarischen Verteidiger ihre Stellungen im Wesentlichen behaupten – allerdings mit immer größeren Mühen. Das Ende schien absehbar. War doch die k. u. k.-Monarchie in mehrerlei Hinsicht überstrapaziert. Dem nur teilweise industrialisierten Vielvölkerstaat mangelte es nicht nur an materiellen Ressourcen, sondern auch an innerer Stabilität. Und seine Truppen hatten sich auf drei Schauplätzen zu behaupten: in Russland, auf dem Balkan und eben auch gegenüber Italien.

In dieser Lage beschlossen die militärischen Führer der Mittelmächte einen Befreiungsschlag. Einige Reserven der k. u. k.-Armee, verstärkt durch deutsche Eliteverbände, sollten die italienische Isonzofront überraschend in der Flanke fassen, aus den Angeln heben und dann weiter vorstoßen.

Die im Herbst 1917 gestartete Offensive der Mittelmächte war zunächst sehr erfolgreich. Es gelang ein Durchbruch in die Tiefe des Raumes, der erst nach etwa hundert Kilometern, an der Piave, nordöstlich von Venedig, zum Halten gebracht werden konnte (hierzu auch der Abschnitt „Sturmtruppen" in Kapitel 4).

Die aus der Isonzofront fliehenden, demoralisierten Truppen zerstoben in alle Winde. Es wurde geschätzt, dass die Armee des Königreichs Italien Ende 1917 nur noch die Hälfte ihrer Kampfkraft hatte.

Die Stabilisierung der italienischen Verteidigung gelang letztlich nur deswegen, weil rasch einige französische und britische Großverbände aus Frankreich herangeschafft werden konnten.

Mit dem ursprünglichen Plan der Mittelmächte war allerdings angestrebt worden, noch weiter vorzudringen, um durch ein strategisch bedrohliches Gewinnen der Po-Ebene die Entente zu einem noch größeren Aderlass der Hauptfront in Frankreich zu zwingen.

Allmählich gewann das italienische Heer seine Kampfkraft wieder, und im Verein mit britischen und französischen Verbänden konnte die Verteidigung an der Piave gestärkt und zunehmend aggressiv geprägt werden.

So unternahmen österreichisch-ungarische Verbände den Versuch eines weiteren Befreiungsschlages, der aber scheiterte. Im Herbst 1918 rollten dann breitgefächerte Angriffe der Entente, an deren Ende der Zusammenbruch der k. u. k.-Armee auf diesem Kriegstheater stand.

Balkan und Vorderer Orient

Balkan

Im August 1914, gleich nach Kriegsbeginn, hatte die Armee Österreich-Ungarns mit ihrem ersten serbischen Feldzug den Versuch unternommen, den ungeliebten Nachbarn niederzuwerfen. Diese Operation dauerte bis November desselben Jahres und konnte ihr Ziel nicht erreichen. Die sich verteidigende serbische Armee ging zunächst kämpfend zurück, konnte aber schließlich – im Gegenangriff – die Invasoren aus dem Land werfen.

Erst in einem zweiten Feldzug, der in den letzten drei Monaten des Jahres 1915 geführt wurde, konnte Serbien in einer umfassenden Operation besiegt werden. Im Januar 1916 wurde dann auch noch der Widerstand des kleinen Montenegro gebrochen, das mit der Belgrader Regierung eng kooperiert hatte.

Mit dem Fall Serbiens war die strategische Verbindung zur Türkei wiederhergestellt, die sich seit November 1914 an der Seite der Mittelmächte im Krieg befand. *Im Folgenden wird der Einfachheit halber nur noch der Begriff „Türkei" gebraucht, obwohl – auf die damalige Zeit bezogen – die Bezeichnung „Osmanisches Reich" korrekter wäre.*

An dem zweiten Angriff auf das Land, das der k. u. k.-Monarchie so viele Probleme bereitet hatte, nahmen österreichisch-ungarische, deutsche und auch bulgarische Truppen teil.

Bulgarien hatte sich im September 1915 den Mittelmächten angeschlossen. Zwar war dessen König bereits im Sommer 1914 von den Vorteilen eines Anschlusses an den damals noch bestehenden Dreibund überzeugt gewesen, doch hatte man dann in Sofia, nach der deutschen Enttäuschung an der Marne, die Neutralität vorgezogen.

In der Zeit danach setzte sich dann aber doch die Überzeugung immer mehr durch, dass die territorialen Ansprüche Bulgariens bei den Mittelmächten besser aufgehoben wären als bei der Entente.

Dazu dürfte beigetragen haben, dass die militärische Situation des Deutschen Reiches in Sofia bald wieder als günstiger eingeschätzt wurde und dass die Türkei in Thrakien territoriale Zugeständnisse gemacht hatte.

Bereits Anfang Oktober 1915, als die große Offensive der Mittelmächte gegen Serbien losbrach, waren Truppen der Entente, unter Verletzung der Neutralität Griechenlands, in Saloniki gelandet, um anschließend gen Makedonien zu marschieren: eine Flankenbedrohung Bulgariens. Im weiteren Verlauf des Serbien-Feldzuges gelang es dann der bulgarischen Armee, die Interventen aus Makedonien herauszudrücken. Eine Verfolgung in die Tiefe griechischen Gebietes unterblieb allerdings zunächst. Griechenland sollte nicht in die Arme der Entente getrieben werden.

Doch die Entente, mit ihren Truppen in Nordgriechenland und auf den ägäischen Inseln, setzte das Land zunehmend unter Druck. So kam es im November 1916 zu einer Kriegserklärung an Bulgarien und das Deutsche Reich, die allerdings zunächst nur von einer „vorläufigen" Regierung in Saloniki getragen wurde. Erst im Juni 1917, nachdem man den auf Neutralität beharrenden König zur Abdankung gezwungen hatte, brach die Regierung in Athen, deren Führung mit derjenigen von Saloniki identisch war, die Beziehungen zu den Mittelmächten ab.

Im Zusammenhang des wachsenden Einflusses der Entente stand der im Sommer 1916 beginnende, am Ende sehr verlustreiche bulgarische Feldzug über die griechischen Grenzen hinweg. Bald danach kam der starke Gegenangriff der Entente mit aus Italienern, Russen, Serben, Briten und Franzosen zusammengewürfelten Großverbänden.

Der Erfolg war begrenzt. Ein Einbruch nach Bulgarien hinein gelang nicht. Stillstand war die Folge.

Erst im September 1918 sollte die griechisch-makedonische Front wieder in Bewegung geraten. Überlegene Kräfte der Entente stießen nach Norden vor, und die bulgarische Armee löste sich auf.

Während Bulgarien sich im Sinne der Durchsetzung seiner territorialen Ansprüche den Mittelmächten angeschlossen hatte, ging Rumänien, mit vergleichbaren Interessen, den Weg zur Entente (womit es auch auf den Akt Bulgariens reagierte).

Die Entente sprach Rumänien das Recht zu, sich Siebenbürgen, das Banat und Teile der Bukowina anzugliedern. Dafür hatte Rumänien „nur" Österreich-Ungarn den Krieg zu erklären. Diese Erklärung erfolgte Ende August 1916, auch unter dem Eindruck der relativ erfolgreichen Brussilow-Offensive.

Unmittelbar danach fiel das rumänische Heer in Siebenbürgen ein. Der großangelegte Gegenangriff wurde durch deutsche, österreichisch-ungarische und bulgarische Verbände geführt – und zwar aus westlicher und südlicher Richtung.

Nach einer Abfolge dynamischer Operationen und gewonnenen Schlachten befand sich im Januar 1917 ein Großteil des rumänischen Staatsgebietes unter Kontrolle der Mittelmächte: eine Situation, die bis zum Kriegsende fortbestehen sollte.

Vorderer Orient

Vor dem Ersten Weltkrieg galt die Türkei, ein unterentwickelter Vielvölkerstaat, der von zentrifugalen Tendenzen bedroht war, als ein schwaches Gebilde, als potentielles Machtvakuum, das im Falle eines Falles zu füllen wäre.

Es ging die Rede vom „kranken Mann am Bosporus", dem die „gesünderen" europäischen Staaten gegen die Gewährung von Einfluss gerne unter die Arme griffen. Es gab aber auch die Option, auf einen tödlichen Kollaps des Siechenden zu setzen, um sich dann geopolitischer Leichenfledderei hingeben zu können.

Traditionsfeind *Russland* setzte wohl auf den Kollaps, den man eventuell durch einen militärischen Konflikt würde beschleunigen können. Großbritannien, Frankreich und das Deutsche Reich hingegen entsandten Berater, um die Türkei bei der Modernisierung ihres Sicherheits- und Militärapparates zu unterstützen. (Allerdings: Spekulationen auf das Ende der Türkei gab es auch in Großbritannien und Frankreich.)

Großbritannien kümmerte sich um die Kriegsflotte, Frankreich um die zentral geführte und alimentierte, paramilitärische Gendarmerie: ein potentielles Bürgerkriegsinstrument, das im Weltkrieg, beim Genozid an den Armeniern, eine fürchterliche Rolle spielen sollte.

Das Deutsche Reich, und zuvor Preußen, hatte mit seinen Militärberatern die Aufgabe übernommen, die Reform des türkischen *Heeres* voranzutreiben – über längere Zeit mit wechselndem und insgesamt mäßigem Erfolg.

Außerdem investierte das Reich in die Infrastruktur der Türkei. Die deutsche Außenpolitik, inspiriert von Kaiser Wilhelm II., „spielte die türkische Karte". Mit der Bagdadbahn, deren Planung bereits 1903 begonnen hatte, die aber im Ersten Weltkrieg immer noch nicht ganz fertig war, erhoffte man sich eine Machtprojektion in den Orient – entlang der Achse *Balkan, Kleinasien und Mesopotamien*. Diese Achse zielte auf den Persischen Golf und Britisch-Indien: eine wichtige Machtbasis Großbritanniens, in der sich schon vor dem Krieg Unabhängigkeitsbestrebungen regten.

Vor diesem Hintergrund entsandte Wilhelm II. 1913 eine Militärmission an die Pforte, es handelte sich anfangs nur um siebzig Offiziere, die den Reformbestrebungen im türkischen Heer – nach dessen Strapazierung in den Balkankriegen – neuen Auftrieb geben sollte. Dies geschah unter Missbilligung der Entente-Mächte und provozierte gar einen offiziellen russischen Protest.

Die Arbeit der Mission, deren Leiter General *Otto Liman von Sanders* (1855–1927) war, zeitigte bald beträchtliche Erfolge. Insbesondere die taktisch-operative Kompetenz der türkischen Stabs- und Truppenoffiziere, die mit preußischem „Auftragsdenken" (einem flexiblen Führungsverfahren) vertraut gemacht wurden, erhöhte sich deutlich. Und auch etwa die Organisation der Truppenversorgung konnte verbessert werden.

Dies alles sollte sich auszahlen, als bald nach dem Kriegseintritt der Türkei der Eingang der Dardanellen ins strategische Visier der Entente geriet. Bei den militärischen Führungen Frankreichs und Großbritanniens verfestigte sich nämlich die Idee, über die Dardanellen den Bosporus und Konstantinopel zu erobern. Dabei ging es nicht nur um die Ausschaltung der Türkei als Kriegsgegner und die Öffnung des Zuganges zu den südrussischen Häfen für Versorgungsschiffe, sondern auch um die Option, in Rumänien Truppen zu landen, die der k.u.k.-Monarchie in den Rücken fallen könnten.

Bei ihrem Versuch, die Meerenge zu forcieren, ging die Entente mit systematischer Eskalation vor. Nach kurzer Beschießung der Forts am Eingang der Dardanellen schon im November 1914 kam es dann im Februar und März 1915 zu lang andauernden, schweren Angriffen der Artillerie einer großen Armada von Linienschiffen älterer Bauart.

Damit gelang es zwar, die Außenforts der Dardanellen zu zerstören, nicht aber die an der Innenseite der Wasserstraße gelegenen. Beim Versuch der dicken Pötte, in die Dardanellen einzudringen, erlitten sie herbe Verluste – vor allem durch Seeminen.

Im April 1915 folgten dann umfangreiche, von Schiffsartillerie unterstützte Seelandungen auf der asiatischen Seite des Einganges der Dardanellen und vor allem auf der Außenküste der Halbinsel Gallipoli, welche die Meerenge nach Nordwesten hin begrenzt. An diesen Landungen waren französische, englische, indische und vor allem neuseeländische und australische Kontingente *(ANZAC)* beteiligt. Außerdem gab es noch eine Formation britischer Zionisten (das berühmte *Zionist Mule Corps*).

Die Landungstruppen kamen kaum voran, blieben bald im Feuer der türkischen Verteidigung stecken. Verstärkungen, die erst tröpfelnd, im Sommer dann in großem Umfang eintrafen, konnten den erhofften Durchbruch ebenfalls nicht erzwingen. Das Ergebnis war, dass die ganze alliierte Unternehmung im Herbst 1915 abgebrochen wurde – nach insgesamt etwa 120 000 Todesopfern auf beiden Seiten.

Die Gründe für dieses Versagen der Entente? Einerseits das systematische, schrittweise Vorgehen der Angreifer, das den Verteidigern Zeit für taktisch-technische Vorbereitungen und auch personelle Verstärkungen ließ, sowie die rigide Art der Führung, durch die viele sich vor Ort ergebende Chancen verpasst wurden.

Andererseits die hochmotivierte, zähe und flexibel geführte Verteidigung, dazu die gute Einweisung und taktische Orientierung der Truppe sowie eine ingeniöse Ausnutzung des Geländes durch Improvisation von Abwehrstellungen und Hindernissen.

Otto Liman von Sanders, der eigentlich als eine Art „Generalinspekteur" des türkischen Heeres fungieren sollte, hatte selbst den Befehl über die Armee übernommen, der die Verteidigung der Meerenge anvertraut war.

Er verbesserte deren Organisation beziehungsweise Dislozierung und trug im Übrigen dafür Sorge, dass türkische Offiziere wesentlichen Einfluss auf das Geschehen hatten. So besetzte er seinen Stab zum Missvergnügen zahlreicher Offiziere der deutschen Militärmission fast ausschließlich mit Türken.

Und: Vier der sechs Divisionskommandeure seiner Armee waren ebenfalls Osmanen: darunter *Mustafa Kemal* (1881–1938), der spätere Begründer der modernen Türkei *(Atatürk)*.

Liman von Sanders hatte einen Defensivsieg errungen und damit die Türkei fürs Erste gerettet. Ihm war bewusst, wie unterentwickelt dieser Staat, wie schwach seine Armee trotz aller Reformen noch war.

Deswegen plädierte er wiederholt dagegen, die Türkei in riskante militärische Abenteuer zu stürzen: nicht nur, um sie für das Reich zu erhalten, sondern auch um weiteres Blutvergießen zu vermeiden.

Mit seiner defensiven Position war er in den deutsch-türkischen Führungskreisen allerdings sehr isoliert. Andere hohe deutsche Militärs, die in der Türkei Gewicht besaßen, unterstützten eher den aggressiv-expansionistischen Kurs der „jungtürkischen" Offiziersjunta und ihres eigentlichen Scharfmachers, des Kriegsministers und „starken Mannes" *Enver Pascha* (1881–1922).

Dieser war früher unter anderem Militärattaché in Berlin gewesen und galt als „deutschfreundlich". Um diese „Deutschfreundlichkeit" zu pflegen, wollte man ihm in all seinen Marotten entgegenkommen. Daran beteiligten sich der deutsche (de facto-) Generalstabschef des türkischen Heeres, der einflussreiche deutsche Militärattaché in Konstantinopel und last, but not least das Kaiserliche Hauptquartier in Deutschland. An Eskapaden des Enver Pascha, die nahezu liebedienerisch akzeptiert wurden, sind zu nennen:

- Ein Angriff auf die russische Kaukasusfront bereits im Winter 1914/15, der im Desaster für die eingesetzten türkischen Armeen und in erheblichen Gelände-

gewinnen des Gegners in Ost-Anatolien sowie entlang der Küste des Schwarzen Meeres endete.
- Versuche, den Verkehr auf dem Sueskanal zu stören. Diese Unternehmungen, die einen wesentlichen Nerv des British Empire tangierten, waren von vornherein aussichtslos. Sie wurden unternommen von schwachen türkischen Truppenteilen unter allerdings sehr kompetenter deutscher Führung und mit österreichischer Artillerie-Unterstützung. Mehr als eine sinnlose Provokation brachten diese Operationen nicht zu Wege.
- Die im Wesentlichen ergebnislose Durchführung eines Kavallerie-Raids in persisches Gebiet hinein, um dort eingedrungene russische Truppen zu irritieren.
- Ausnutzung der russischen Schwäche im Jahre 1917, um türkische Divisionen aus der anatolischen Front herauszuziehen (eine Art von „Heldenklau"), die dann an der rumänisch-galizischen Front der Mittelmächte eingesetzt werden sollten, wo sie allerdings nicht mehr gebraucht wurden. Nicht realisierte Absicht: Statusgewinn. Resultat: Fehlallokation knapper Ressourcen.
- Im Frühjahr 1918: Abzug von Truppen guter Qualität von der Palästina-Front (zweiter Heldenklau), um im Kaukasus, der sich damals als Machtvakuum darbot, Eroberergelüsten nachgehen zu können. Ein Abenteuer, das ebenfalls ohne Erfolg blieb.

Die imperialistische deutsche Fraktion stand Enver Pascha an Größenwahn aber keineswegs nach: entsandte man doch – auf abenteuerlichen Wegen – eine militärdiplomatische Mission nach Afghanistan, um dessen Herrscher zum Krieg gegen das British Empire zu bewegen. Substanzielles Ergebnis dieser militärtouristischen Großleistung war, dass ein junger deutscher Offizier zum Verteidigungsminister in einer „virtuell imaginären" indischen Exilregierung ernannt wurde, die in Kabul residierte.

Der eigentliche Krieg, die Verteidigung der Türkei, fand im Zweistromland, dem Gebiet des heutigen Irak, und in Palästina statt – von Enver Pascha mehr behindert als unterstützt.

Teilweise unter deutscher Führung lieferten die türkischen Verbände in Mesopotamien einen zähen, von erfolgreichen Gegenangriffen geprägten Abwehrkampf. Dieser bewirkte, dass die von Basra (im Südosten) her angreifenden, überlegen Truppen des Empire fast die gesamte Dauer des Krieges benötigten, um die Verteidiger nach Mosul (im Nordwesten) zurückzutreiben.

Und der andere Schauplatz? Die Bedrohung des Sueskanals hatte eine sehr massive Gegenoffensive des Empire provoziert. Im Laufe des Jahres 1917 entwickelte sich über den Norden der Halbinsel Sinai hinweg ein Angriff gegen das Land Kana'an, wie es zu biblischen Seiten hieß. Daran nahmen etwa 200 000 Soldaten vor allem aus Indien, Südafrika und – wiederum – Australien teil. Befehlshaber war *Sir Edmund Allenby* (1861–1936).

Nach anfänglichen Misserfolgen gelang im November 1917 die Einnahme von Gaza, dann folgten Jaffa und Jerusalem. Das frisch gebildete und zur Unterstützung der türkischen Truppen nach Palästina entsandte deutsche Asienkorps, es umfasste 25 000 Soldaten, vermochte den Lauf der Dinge nicht mehr zu wenden.

Der in der Schlussphase des Krieges zum Befehlshaber der deutschen und türkischen Truppen in Palästina ernannte Liman von Sanders konnte sich nur noch um einen halbwegs geordneten Rückzug bemühen, was ihm in der verfahrenen Lage aber nur halbwegs gelang.

In die Zeit seines dortigen Kommandos fiel der erwähnte zweite Heldenklau des Enver Pascha. Wie schon bei ähnlichen Gelegenheiten zuvor protestierte der General beim Kaiser, den die Sache wie schon bei ähnlichen Gelegenheiten kalt ließ.

Mustafa Kemal, der mittlerweile ebenfalls an die Palästinafront versetzt worden war, reagierte mit befristetem Streik. Auch er ohne Erfolg.

Vor dem Hintergrund solch verantwortungsloser Politik, solch grotesker militärischer Missgriffe erscheint es als wahres Wunder, dass die Türkei bis zum bitteren Ende durchhielt – allerdings heruntergekommen und ausgeblutet: eine Einladung für die erbarmungslose „großgriechische Offensive" von 1920 (siehe auch „Schub für den Nationalismus" in Kapitel 6).

Für Geschichtsamateure sei noch die Information nachgetragen, dass die deutsche militärische Führung den vielgerühmten „Aufstand in der Wüste", die Mobilisierung von Beduinenstämmen gegen die Türkei, für ziemlich nebensächlich hielt.

Dieser Aufstand, von einem britischen Agenten, *Thomas Edward Lawrence* (1888–1935), angestachelt und in seinem großartigen Prosawerk „Die sieben Säulen der Weisheit" eindrucksvoll nachgezeichnet, bewirkte zunächst nicht viel mehr als die sporadische Unterbrechung der Hedschasbahn, über die einige wenige türkische Divisionen im Süden der Arabischen Halbinsel versorgt wurden. Diese Großverbände aber hatte man in Konstantinopel zur Zeit der Beduinenangriffe längst abgeschrieben.

Und in der Endphase des Krieges in Palästina waren die Kamelreiter aus der Wüste ebenfalls militärisch wenig relevant, weil das Geschehen sich hauptsächlich westlich des Jordan in Artillerie- und Infanteriegefechten entwickelte.

Kreuzerkrieg – Kampf um Kolonien

Kreuzer

Wilhelm II. mochte Linienschiffe und später dann deren leistungsgesteigerte Nachfolger: die Großkampfschiffe. Doch er *liebte* die Kreuzer – und zwar vor allem jene, die damals „kleine, geschützte *(leicht gepanzerte)* Kreuzer" genannt wurden. Auch seine Yacht, *S. M. S. Hohenzollern* (Stapellauf 1892), mit der er bei den jährlichen englischen Flottentagen penetrant peinlich protzte, hatte das Format dieser Schiffsgattung.

Während es bei der Thronbesteigung Wilhelms nur zwei kleine Kreuzer gab, waren es bei Ausbruch des Weltkrieges 38 (!). Keine andere Schiffsgattung erlebte in jener Zeit einen solchen Aufschwung.

Im Sommer 1914 befanden sich nur sechs kleine und zwei große Kreuzer außerhalb der heimischen Gewässer. (Alle kleinen Kreuzer waren moderner, die großen etwas älterer Bauart.)

Das deutsche Ostasiengeschwader bestand aus den beiden großen sowie drei kleinen Kreuzern. Da sich das Reich auch mit Japan im Kriegszustand befand, das über eine starke Flotte verfügte, wich das Geschwader bereits Mitte August zur südamerikanischen Westküste aus, wo es Anfang November einen britischen Verband schlug.

Danach machte sich das deutsche Geschwader auf den Heimweg, umrundete Kap Hoorn und wurde dann im Dezember von überlegenen britischen Kräften bei den Falkland-Inseln vernichtet. Ein kleiner Kreuzer entkam, fiel der Royal Navy aber später noch zum Opfer.

Die übrigen kleinen Kreuzer des Kaisers hatten unterschiedliche Schicksale. Nur einer konnte sich als einigermaßen erfolgreicher „Handelsstörer" betätigen. Bereits Ende 1914 waren diese Schiffe aber alle durch Feindeinwirkung oder Eigenverschulden „außer Gefecht".

Auch den zu Beginn des Krieges eingesetzten, relativ großen Hilfskreuzern war – im Handelskrieg, ihrer Zweckbestimmung – kein Glück beschieden. Ihre Tätigkeit war nur von kurzer Dauer. Spätere Versuche, mit unauffälligeren Schiffen in den Ozeanen auf die Pirsch zu gehen, waren zwar erfolgreicher, blieben aber Episoden.

Kolonien

Während es mit der globalen Seegeltung des Reiches schnell zu Ende ging, bot das, was mit und in den deutschen Kolonien geschah, ein eher gemischtes Bild: Deutsch-Neuguinea kapitulierte im September 1914 gegenüber australischen Truppen. Das Gleiche geschah in Togo im Oktober 1914 gegenüber britischen und französischen Verbänden. Und Tsingtau (mit der Region Kiautschau) fiel im November 1914 an die Belagerungsarmee Japans.

Doch behaupteten sich Kontingente der deutschen „Schutztruppe" in den anderen Kolonien des Reiches deutlich länger. In Deutsch-Südwest gab man im Juli 1915 auf, und in Kamerun erst im Februar 1916.

Aus dem Rahmen fiel allerdings das, was in Deutsch-Ostafrika geschah: Unter General *Paul von Lettow-Vorbeck* (1870–1964) führte die dortige deutsch-afrikanische Streitmacht einen erfolgreichen Guerillakrieg, der nicht nur taktisch, sondern auch operativ hoch beweglich war. Den Kampf gegen britische, belgische und portugiesische Truppen legte der General großräumig an, was etwa das Ausweichen auf die Kolonialgebiete der Gegner implizierte. So operierte seine Streitmacht unter anderem auch in Portugiesisch-Ostafrika, und im November 1918 – bevor sie die Waffen strecken musste – befand sie sich in Rhodesien: in militärisch günstiger Position.

Die Höchststärke der deutschen Schutztruppe betrug knapp 3 000 weiße und 11 000 einheimische Soldaten. Durch sie wurden gegnerische Verbände im Umfang von über 100 000 Mann gebunden.

Ist von Lettow-Vorbeck ein deutscher Held, eine hehre Ikone, die wir Deutsche so dringend brauchen? Wohl kaum: Den schier unglaublichen militärischen Leistungen zolle man Respekt! Doch seine rechtskonservativen, kolonialistischen Überzeugungen, denen er in der Zeit der Weimarer Republik auch politisch frönte, disqualifizieren ihn.

Kapitel 3
Technik, Taktik, Kriegsbild:
Sieg der Defensive

Dieses Kapitel stellt die Macht des Feuers und die Stärke der Defensive in den Mittelpunkt der Aufmerksamkeit – und damit eine Konstellation, die unsere Wahrnehmung des Ersten Weltkrieges, die kollektive Erinnerung daran, wesentlich beeinflusst hat.

Zunächst gilt der Blick wichtigen „Waffen der Verteidigung". Es geht dabei um zentrale Innovationen, welche die Feuerkraft von Infanterie und Artillerie, dieser Säulen des Landkrieges, extrem gesteigert haben.

Allerdings: Die oft zu vernehmende Annahme ist falsch, dass diese Steigerung der Feuerkraft das Erlöschen operativer Bewegung im Felde und den jahrelangen, mörderischen Stellungskrieg gewissermaßen alleine erklären könnte.

Das Feuer von Infanterie und Artillerie wurde erst durch seine Einbettung in kongeniale taktisch-operative Defensivstrukturen, durch elaborierte Arrangements aus Gräben und Feldbefestigungen, zu der Macht, welche das Geschehen, zumindest an der französischen Front, über lange Strecken hinweg beherrschte.

Auf diesen genuin militärischen – und nicht technischen – Aspekt fällt unser zweiter Blick. Es werden also Überlegungen und praktische Lösungen präsentiert, die auf taktischer, operativer und schließlich sogar operativ-strategischer Ebene die Defensive stärken oder, besser gesagt, den Verteidigervorteil optimal zu nutzen halfen.

Der dritte Essay schließlich demonstriert die Stärke der Defensive an zwei herausragenden Unternehmungen: an Großangriffen, einem deutschen und einem französischen, die beide im verlustreichen Desaster endeten.

Der sich damit abzeichnende „Bankrott des Krieges" sollte alsbald Anstrengungen beflügeln, die „Dinge wieder in Bewegung" zu setzen, den Truppen ihre Handlungsfreiheit zurückzugeben (siehe Kapitel 4 dieses Bandes).

Waffen der Verteidigung

Automation des Feuers

Im ersten Weltkrieg verfügte die Infanterie über eine beachtliche Palette von Kampfmitteln: Da waren das Repetiergewehr (samt Bajonett), der Revolver oder die halbautomatische Pistole, die nach langer Zeit wiederbelebte Handgranate und der zum Hiebinstrument umfunktionierte Spaten. Hinzu kamen im Laufe des Krieges der Flammenwerfer der mit der Infanterie kooperierenden Pioniere sowie von der Artillerie den Fußtruppen zugeordnete Waffen: das Grabengeschütz beziehungsweise auch der Minenwerfer.

Keines dieser Wirkmittel erlangte jedoch jene Bedeutung für den Infanteriekampf, die dem Maschinengewehr zukam, welches wir uns nun etwas genauer ansehen wollen:

Diese Waffe hatte zahlreiche Vorläufer. Bereits in der Renaissance gab es so genannte Orgelgeschütze, und nach der Mitte des 19. Jahrhunderts kamen Schnellfeuerwaffen verschiedenster Machart auf, denen gemeinsam war, dass ihre Mechanik mit einer Drehkurbel, also menschlicher Muskelkraft betrieben wurde. Außerdem waren alle recht sperrig und schwer, weswegen sie mitunter der Artillerie zugeordnet wurden, was zu Problemen des taktischen Einsatzes führte.

1883 dann erfand Hiram Maxim, ein gebürtiger US-Amerikaner, der später in England geadelt wurde, das *Maschinengewehr*, wie wir es heute kennen. Es handelte sich dabei um die erste vollautomatische Waffe – nutzte sie doch den Rückstoß beim Abfeuern eines Geschosses für den Nachladevorgang.

Alsbald gab es weitere Konstruktionen: eine mit einer Abwandlung der Rückstoßautomatik – eine andere, die das Explosionsgas nach dem Schuss zum Betrieb der Waffe gebrauchte. Alle diese Konstruktionen hatten gemeinsam, dass sie kompakter und leichter waren als ihre Vorläufer mit der Handkurbel. Auch erschien die Bedienung einfacher.

Zunächst galt es in den Armeen der Staaten, die sich damals für „zivilisiert" hielten, als unritterlich, nicht *gentlemanlike*, die neuen – Massentötung verheißenden – Waffen bei Kriegen untereinander einzusetzen. Deswegen wurden die Maschinengewehre vor allem zum Einsatz in den Kolonien, gegen „Eingeborene", und auch zur Niederschlagung von Aufruhr, etwa Streiks, im Innern bestimmt (gut dokumentiert durch John Ellis, The Social History of the Machine Gun, Baltimore, Maryland, 1975).

Seine große militärische Premiere hatte das Maschinengewehr dann im Ersten Weltkrieg. Zuerst dominierten die schweren MG, dann kamen – der taktischen Beweglichkeit wegen – immer mehr leichte dazu. Die Zahl dieser Waffen stieg gewaltig. Um das deutsche Heer als Beispiel zu nehmen: Bei Kriegsbeginn verfügte es über 2 700 schwere, während Mitte 1918 *36 000 schwere* und *35 750 leichte MG* gezählt wurden.

Obwohl leichter als die alten Handkurbelwaffen, brachten die schweren Maschinengewehre doch ein beträchtliches Gewicht auf die Waage. Je nach Konstruktion (und Armee) fiel dies allerdings unterschiedlich aus. Das leichteste Gerät der schweren Klasse wog, mit Lafette, 35 Kilogramm, während ca. 60 Kilogramm (!) die Gewichtsobergrenze bildeten. Die (theoretische) Feuergeschwindigkeit lag bei 400–600 Schuss pro Minute.

Die im Laufe des Krieges vermehrt auftretenden leichten Maschinengewehre rangierten im Gewicht zwischen neun und 15 Kilogramm, verschossen die gleiche (Infanterie-)Munition wie die schweren MG, waren allerdings meist nicht für Dauerfeuer geeignet. Mit diesen „erleichterten" Waffen manifestierte sich, dass Maschinengewehre nicht nur für den eher stationären Gebrauch im Stellungskrieg, sondern auch für eine bewegliche Infanterietaktik geeignet waren (wie sie sich zur Überwindung der Starre an der Front entwickeln sollte).

Im deutschen Heer gab es eine spezielle Maschinengewehrtruppe: eine Eliteformation, womit angezeigt wurde, dass man der neuen Waffe große Bedeutung beimaß, ihr Potential erkannt hatte. *„Maschinengewehrkompanien",* die Infanteriebataillonen bei Bedarf zugeordnet wurden, hatten jeweils sechs schwere MG (fünf Mann pro Waffe). Die leichten MG waren unmittelbar in die Infanterie eingegliedert.

Nach damaliger deutscher Doktrin galten die MG als wesentliche Bezugspunkte des infanteristischen Feuergefechts. Die gewöhnlichen Gewehrschützen hatten im und zum Schutz eines MG zu operieren. Das MG war das zentrale Element taktischer Bewegung.

In der *British Army* wurde dies zu Beginn des Krieges anders gesehen (und man musste später auf die harte Tour lernen). Diese Armee zog mit relativ wenigen solcher Waffen in den Krieg und setzte diese zur Unterstützung des Schützenfeuers und nicht als dessen Schwerpunkt ein.

Als allerdings die britischen Schützen mit ihrer einzigartigen, bewundernswerten Vorkriegs-Schießausbildung in großer Zahl tot oder verwundet waren und kein entsprechend gutes Personal die Lücken füllte, hatte man ein Problem. Das Maschinengewehr, die Automation, bot sich nun als besserer Personalersatz an.

Mechanisierung: Hydraulik für die Artillerie

Neben – und vor – der hauptsächlich auf dem Maschinengewehr beruhenden Feuerkraft der Infanterie war es die Artillerie, die in den ersten Jahren des Krieges größere Bewegungen auf dem Schlachtfeld erstickte. Diese Waffengattung (in der Bundeswehr sagt man *Truppengattung*) nahm einen gewaltigen Aufschwung. So etwa begann das deutsche Heer den Krieg mit 6 800 Feldgeschützen aller Kaliber, die damals als modern galten. 1918 umfasste die Feldartillerie insgesamt 17 200 Rohre mit meist weiter verbesserter Technologie. (Hinzu kamen 11 500 Minenwerfer speziell für den Grabenkrieg, die in den Jahren zuvor entwickelt worden waren.)

Müßig wäre es, an dieser Stelle auf die ballistischen oder taktischen Leistungen einzelner Geschütztypen einzugehen. Unverzichtbar aber ist es hervorzuheben, dass die Rohrartillerie des Ersten Weltkrieges hüben wie drüben von einer Erfindung Gebrauch machte, welche die Feuergeschwindigkeit der Geschütze *auf das Mehrfache* steigerte.

Diese Erfindung stammte, wie auch die des Maschinengewehrs, aus den 1880er Jahren – und zwar von einem fränkischen Waffenkonstrukteur (Konrad Haußner: Das Feldgeschütz mit langem Rohrrücklauf, München 1928) und hatte wie jene andere ihre eigentliche Premiere im Ersten Weltkrieg.

Durch diese Innovation erfuhr der Bau von Räderlafetten für Geschütze eine durchgreifende Änderung:

Im Prinzip geht es um den Einbau einer Flüssigkeitsbremse zwischen Geschützrohr und Lafette, die dem Rohr auf einer „Wiege" einen langen Rücklauf gestattet, nach dessen Vollendung es durch Vorholfedern oder Pressluft wieder in seine alte Stellung vorgetrieben wird. Statt des Rohrs ist nun die Wiege mit dem waagerechten Schildzapfen versehen, um dessen Achse die Höhenrichtung des Geschützes geschieht. Das Geschütz fängt also seine Rückstoßenergie selbst auf.

Die Lafette bleibt beim Schuss wie angenagelt stehen (zusätzlich durch Sporne im Boden verankert). Sie rollt nicht mehr wie ehedem zurück, um die Schussenergie abzuarbeiten, muss deswegen also nicht immer wieder nach vorn bewegt – und das Rohr braucht bei unverändertem Ziel nicht neu gerichtet zu werden.

Dadurch wurde es möglich, ein Geschütz ununterbrochen zu bedienen, mit der erwähnten wundersamen Wirkung auf die Feuergeschwindigkeit.

Allerdings verlief die deutsche Realisierung der Erfindung zunächst im Sande, weil es Probleme mit der Abdichtung der Hydraulik gab. Erst später wurde der Faden wieder aufgenommen.

Mehr Erfolg hatte man in Frankreich, wo unabhängig von der Entwicklung im Nachbarland das hydraulische Prinzip für die Artillerie entdeckt und ein brauchbarer Rohrrücklauf konstruiert wurde. Auf dieser Grundlage führte die französische Armee 1897 die Schnellfeuer-Feldkanone 75 mm *(canon de 75 de campagne à tir rapide)* ein und gewann damit vor den Deutschen, die gerade erst ein primitiveres Geschütz eingeführt hatten, einen erheblichen technisch-taktischen Vorteil.

Dieser Vorteil sollte erst im Ersten Weltkrieg ausgeglichen werden, als fast alle Geschütze auf beiden Seiten einen langen Rohrrücklauf hatten.

Von der Feldkanone 75 mm wurden in Frankreich übrigens ca. 17 000 Exemplare gebaut. Sie erwies sich während des Krieges und noch lange danach als Exportschlager.

Es mag gefragt werden, was das soll, warum die Leserschaft mit drögen Informationen über die Funktionsweise einer recht trivialen Mechanik gelangweilt wird. Gemach! Es darf vielleicht interessieren, dass mit der Anwendung dieser Technologie sehr wahrscheinlich mehr Menschen um Leben oder Gesundheit gebracht wurden als mit irgendeiner anderen militärischen Innovation.

Für Geschichtsamateure sei noch vermerkt, dass dem der Spionage angeklagten jüdischen Artillerie-Hauptmann *Alfred Dreyfus* (1859–1935), sein Prozess spaltete Frankreich, unter anderem der Verrat des langen Rohrrücklaufes vorgeworfen wurde, dessen Prinzip man in Deutschland freilich schon kannte.

Bekanntlich hat Capitaine Dreyfus, als französischer Patriot, gar nichts verraten (hierzu ausführlich Lutz Unterseher: Alfred Dreyfus und die Artillerie: Was er nicht verriet, in: L. Unterseher, Technologie für den Krieg, Berlin – Greifswald 2006).

Entwicklung des Stellungskrieges

Bau eines komplexen Systems

Stellungskrieg gab es an allen Fronten. Besonders elaboriert und über lange Zeit hinweg kaum unterbrochen allerdings nur in Frankreich (und in einem Teil des angrenzenden Belgisch-Flandern), wo sich deutsche Truppen und vor allem französische, britische sowie später auch US-amerikanische auf relativ engem Raum gegenüberstanden.

Hüben wie drüben entwickelte sich ein System der Verteidigung, das mit den Mitteln, die zunächst zur Verfügung standen, schwer oder gar nicht zu knacken schien. Dabei besteht der Eindruck, dass die deutsche Seite mehr taktisch-operative Finesse zeigte, während die Kräfte der Entente sich stärker auf ihre Überlegenheit an Material und Menschenpotential verließen.

Caveat: Dieser gewisse Unterschied sollte aber keineswegs überbetont werden.

Wie entwickelte sich das alles? Am Anfang war da der Graben, den Fußtruppen und Pioniere schnell und provisorisch aushoben, in dem Deckung genommen wurde und von dem aus das eigene Feuer, vor allem das der Maschinengewehre, feindliche Bewegung – sei es die von Infanterie oder Kavallerie – zum Erliegen brachte. Und dann schuf man bald zwei oder drei Gräben hintereinander.

Dies geschah schon in einer frühen Phase der Konfrontation im Westen, und als daraus eine allgemeine Praxis wurde, ließ sich vom Stellungskrieg sprechen: etwa ab Mitte oder Ende September 1914. Doch was geschah dann? Aus wenigen Gräben wurden mehr. Es entstand ein in die Tiefe gestaffeltes System. Die Gräben verknüpfte man dann miteinander: durch „zickzackende" Laufgänge, welche die vorderen mit den rückwärtigen verbanden. So ließen sich Unterstützung und Versorgung auf geschützte Weise „nach vorne" bringen. Und so konnten sich Truppenteile einigermaßen gesichert zurückziehen.

Dieses System wurde zunehmend durch besondere Feldbefestigungen verstärkt: Stellungen, von denen aus man mit dem Feuer von Maschinengewehren und anderen Waffen eventuelle Angreifer möglichst in der Flanke fassen konnte.

Das Stellungssystem sollte keine Regelmäßigkeiten aufweisen. Das heißt, die Defensivanlagen waren in Annäherung an das Zufallsprinzip zu erstellen, um die gegnerische Aufklärung zu täuschen und der Artillerie der anderen Seite keine – relativ einfach zu bekämpfenden – systematischen Ziele zu bieten.

Darüber hinaus: Tarnung wurde groß geschrieben – wohl schon recht früh im Kriege, aber nachdem dann die Luftaufklärung immer leistungsfähiger geworden war, mit zunehmendem Engagement.

Die Soldaten trugen Uniformen, deren Farbe mit jener ihrer Umgebung verschmolz. Die Stellungen wurden der Landschaft angepasst und überdies mit Tarnnetzen den Blicken feindlicher Aufklärung möglichst entzogen.

Im Übrigen: Man verschwand, soweit machbar, von der Erdoberfläche – nicht nur der Tarnung halber, sondern auch wegen unmittelbaren Schutzes vor der Wirkung feindlichen Artilleriefeuers. Die Unterstände gerieten immer tiefer, ihre befestigten Decken immer dicker. Dem Schutz dienten zudem immer schwerer zu überwindende Drahtverhaue, oft durch Sprengfallen und Minen gesichert.

Über das ganze System wurde ein Telefonnetz gezogen, und Soldaten der Fernmeldetruppe standen bereit, es sich veränderten Lagen anzupassen, etwa bei Artillerieschäden wiederherzustellen. Telefonisch wurden die Aktivitäten im Gesamtbereich der Verteidigung koordiniert. Telefonisch auch wurden die Einsätze der Infanterie mit dem Feuer der eigenen Artillerie abgestimmt.

Diese entsandte in zunehmendem Maße „vorgeschobene Beobachter" in den vorderen Bereich der Verteidigung, um die Abstimmung möglichst sachkundig geschehen zu lassen: um auf das „System" zustrebende gegnerische Angriffskräfte in optimaler Weise, deutlich vor deren Eindringen in den eigenen Bereich, bekämpfen zu können.

Im Laufe der Entwicklung wurde die normalerweise „weiter hinten" stehende Artillerie um leichtere Systeme („Grabengeschütze") und um Minenwerfer (für Steilfeuer auf kurze Distanz) ergänzt. Damit sollte die Standkraft der Truppe „weiter vorne" gestärkt werden.

Das Arrangement der gestaffelten Gräben mit hier und da integrierten befestigten Stellungen wandelte sich mit Fortschreiten des Krieges in ein Netzwerk zunehmender Tiefe, in dem die Stellungen quasi als Knoten fungierten und die Gräben zu Maschen wurden, zu Verbindungslinien zwischen den dezentralen Feldbefestigungen, und damit ihre Funktion für den eigentlichen Kampf tendenziell verloren.

Wegen der Dezentralität des Systems, der Vielzahl der einzelnen Knoten, war es schwer auszuhebeln. Der Verlust eines oder mehrerer Knoten, sprich: Stellungen, tangierte nicht das Ganze.

Kleiner Exkurs: *Der Ansatz des dezentralisierten Defensivsystems sollte – im Prinzip – in Arbeiten jener Denkschule wiederkehren, die in den 1980er Jahren von sich reden machte und als Alternative zum NATO-Mainstream eine stärkere Spezialisierung der Streitkräfte auf die Verteidigung forderte.*

Zu den Grundüberlegungen – Horst Afheldt: Defensive Verteidigung, Reinbek b. Hamburg 1983, zu konkreten Lösungen und ihrer Evaluation – Lutz Unterseher: Defensive ohne Alternative. Kategorischer Imperativ und militärische Macht, Wiesbaden 1999.

Seine Aktualität zeigte dieser Ansatz im Sommer 2006, als die entsprechend angelegte Verteidigung der Hisbollah einen massiven Angriff israelischer Landstreitkräfte abwies. Dazu Lutz Unterseher: Hisbollah oder die Strafe Gottes, in: Pattillo-Hess, J. D., Smole, M. R. (Hg.), Islam. Gespräche über Religion, Wien 2007.

Doch zurück zum Ersten Weltkrieg!

Zum einen ging es den „Stellungsbauern" sicherlich darum, und das klang bereits an, Menschenleben so gut wie irgend möglich vor der Wirkung feindlichen Feuers zu schützen. Zum anderen aber, und das war wohl zentral, sollte die tiefe, höchst entwickelte Verteidigung den Zweck erfüllen, die Angriffe des Gegners zu neutralisieren – und würden diese mit noch so großer numerischer Überlegenheit, mit noch so starker Feuervorbereitung vorgetragen:

Vorgeschobene Stellungen sollten als Wellenbrecher in der Angriffsflut dienen, und in der Tiefe der Abwehr sollte der Gegner die Puste verlieren, sich letztlich totlaufen. Die dezentrale Vielfalt versprach, ihm wirklich lohnende – *systematische* – Ziele zu verweigern, und das flankierende Feuer der kaum auszumachenden Stellungen zielte darauf ab, seine Kräfte abzunutzen.

Statik und Bewegung

In seiner Anfangsphase präsentierte sich das Grundmuster des Stellungskrieges als etwas ungemein Statisches, ja beinahe Starres. Nur das Feuer wurde über größere Distanzen projiziert. Die verteidigende Truppe sollte wie angenagelt in ihren Gräben stehen, sich allenfalls nur zwischen Wechselstellungen bewegen. Sie sollte ihre Positionen behaupten, im schlimmsten Fall bis zum letzten Mann kämpfen.

Nachdem sich dies aber als zu verlustreich erwiesen hatte, wurden angesichts eines nicht zu stoppenden Angriffs begrenzte taktische Rückfallbewegungen in etwas weiter hinten gelegene – wiederum statische – Stellungen vorgesehen.

Mit Fortschreiten des Krieges wurde ein integriertes System von Alarmreserven aufgebaut. Das heißt, die Führung im defensiven Netz konnte je nach Schwere der vom angreifenden Gegner verursachten Krise mit mehr oder weniger starken, beweglichen Kontingenten intervenieren. Diese taktischen Reserven, ausgesuchte Infanterie, praktizierten im Kleinen, was die „Sturmtruppen" im großen Stil, bei Durchbruchoperationen, anwenden sollten (dazu der Essay „Konzept der Dynamik" im nächsten Kapitel).

Die Eingreifkontingente wurden typischerweise dann zum Gegenangriff angesetzt, wenn die gegnerische Offensive bei tieferem Eindringen in die Verteidigung ihren *Kulminationspunkt* überschritten hatte, wenn ein Sich-Totlaufen erkennbar wurde.

Mitunter gelang es, anfängliche Geländegewinne des Gegners durch den Einsatz der Reserven ganz oder teilweise rückgängig zu machen, sodass der *status quo ante* (fast) wiederhergestellt war: ein ermüdendes, höchst frustrierendes Geschäft – und zwar für beide Seiten.

Es ist also eine Tendenz zu einer „flexibleren" Verteidigung zu konstatieren: Während am Anfang taktische Rigidität dominierte („Halten um jeden Preis"), wurden in den späteren Jahren durchaus auch – begrenzte – Geländeverluste hingenommen: Hauptsache, es konnte der Raum behauptet werden, auf den man sich operativ-taktisch festgelegt hatte.

Doch gab es eine weitere Radikalisierung defensiver Flexibilität: Waren bis dato die mehr oder weniger organisierten Rückfallbewegungen taktischer oder taktisch-operativer Dimension, wurde im März 1917 die operativ-strategische Ebene erklommen.

General *Erich Ludendorff* (1865–1937), seit 1916 starker Mann der Obersten Heeresleitung (OHL), befahl im März 1917 den geordneten, gezielt „verbrannte Erde" hinterlassenden und von Verzögerungsverbänden gedeckten Rückzug aus einem großen Frontbogen auf die „Siegfriedstellung": ein gestaffeltes Verteidigungssystem zwischen Arras und Laon. (Allerdings war dieses zum Zeitpunkt der Rückwärtsbewegung noch nicht überall voll ausgebaut.)

Er tat dies, um der erwarteten Neuauflage der Somme-Offensive der Entente (Sommer 1916) gleichsam den Wind aus den Segeln zu nehmen, das quantitative Verhältnis eigener Truppen zum Raum zu verbessern und möglichst auch Kräfte für eine noch zu planende eigene Offensive größter Dimension „ausschwitzen" zu können. *Es ging also letztlich um nichts weniger als die Wiedergewinnung operativer Freiheit großen Stils.*

Zwei große Desaster

Verdun

Die Festung Verdun war und ist ein traditionelles Symbol französischer Standfestigkeit und galt als strategische Sperre gegenüber Vorstößen aus dem Osten, die auf die Ile de France und Paris zielten. Nachdem im September 1914 der Stellungskrieg begonnen hatte, war die Festung in französischer Hand geblieben und ragte wie ein heraussprigender Winkel, oder Balkon, in die deutsche Front hinein.

Die deutsche Seite sah darin eine latente Gefahr für ihre Gesamtverteidigung in Frankreich. Und so wurden Pläne geschmiedet, das Ärgernis zu beseitigen. Hinzu kam eine Überlegung des damaligen Generalstabschefs des deutschen Heeres, *Erich von Falkenhayn* (1861–1922), die sich schließlich durchsetzte und folgendermaßen zu skizzieren ist:

Verdun ist für die französische Nation von so hoher strategischer und symbolischer Bedeutung, dass ein sehr energischer, aber im Ziel begrenzter deutscher Angriff, der die Festung unter Kontrolle bringen würde, mit sehr hoher Wahrscheinlichkeit die gegnerische Armee dazu provozieren dürfte, ihr Letztes für deren Rückeroberung zu geben. Daran aber müsste diese Armee vollständig zerbrechen – würde doch die deutsche Seite den Vorteil der Verteidigung, des defensiven Feuers genießen.

Um es vorwegzunehmen: In der Überlegung von Falkenhayns steckte ein schwerer Denkfehler oder – wenn man so will – deutsche Hybris. Zunächst einmal sollte doch *die deutsche Seite* angreifen. Zunächst einmal spielte *sie* den Franzosen den Verteidigervorteil in die Hände.

Um besser verstehen zu können, was tatsächlich geschah, sei zuvor die Verteidigung Verduns in groben Zügen beschrieben!

Verdun war keine Festung, wie wir sie uns herkömmlicherweise vorstellen – also keine festumrissene Örtlichkeit, sondern ein befestigter Raum, ein tendenziell dezentralisiertes Defensivsystem.

Da gab es verbunkerte, von der Erdoberfläche weitgehend verschwundene „Forts", zahlreiche Maschinengewehrnester in tiefer Staffelung sowie starke, aufgelockert positionierte Kräfte der Artillerie mit überlappenden Feuerbereichen. Dazu kamen künstliche Hindernisse aller Art, die von den französischen Pionieren errichtet worden waren. Wohl war das System nicht so entwickelt und ausgedehnt wie die tiefe deutsche Verteidigung des Jahres 1917 mit ihren äußerst flexiblen Kampfverfahren. Doch hatte es, wie sich zeigen sollte, durchaus seine Wirkung.

Am 21. Februar 1916 begann der wuchtig vorgetragene deutsche Angriff auf Verdun, nach mehrfacher wetterbedingter Verschiebung. Es kam schnell zu substanziellen Geländegewinnen, die allerdings weit davon entfernt schienen, das System „Verdun" als Ganzes zu erfassen.

Gleichwohl waren die französischen Militärs zutiefst verunsichert, und es wurde ernsthaft in Erwägung gezogen, den Festungskomplex aufzugeben. Dies konnte jedoch durch politische Intervention „von ganz oben" verhindert werden. In Eilmärschen führte man Reserven heran. Vom 25. Februar an versteifte sich der Widerstand der französischen Truppen. Die Lage begann sich für sie allmählich zu stabilisieren.

Zwar gab es weitere deutsche Gelände- und Positionsgewinne. Doch wurden diese keineswegs mehr im „Sturmlauf" erzielt, sondern eher durch langsames, systematisches Vorarbeiten, unterbrochen durch längere Pausen zum Sammeln der Kräfte. Über Reserven zum unmittelbaren Ausnutzen etwaiger – begrenzter – Erfolge verfügte man kaum.

Zudem: Der französische Widerstand, etwa in der Form begrenzter Gegenangriffe, wurde merklich stärker, als im Mai 1916 General *Georges Robert Nivelle* (1858–1924) den Befehl über die Armeegruppe Verdun übernahm. Es gab zwar weitere Erfolge der deutschen Truppen, doch mussten sie zunehmend teuer erkauft werden.

Müßig wäre es, an dieser Stelle das Geschehen im Einzelnen nachvollziehen zu wollen. Wichtig aber ist zu notieren, dass die deutsche Offensive gegen Verdun das, was sich als Hauptanlage dieses Festungskomplexes identifizieren lässt, nie wirklich tangiert hat.

Bald wurde in den deutschen Führungskreisen von untragbarem „Menschen- und Materialaufwand" gesprochen. Erich von Falkenhayn verlangte nun den Übergang zur „strikten Defensive" und trat am 29. August 1916 als Generalstabschef zurück. Am 2. September befahl dann die Oberste Heeresleitung die Einstellung aller Angriffshandlungen im Raum Verdun.

Zu dieser Maßnahme dürfte auch die Tatsache beigetragen haben, dass sich das deutsche Heer schon ab Juni 1916 an anderen Punkten der großen Konfrontation unter gefährlichem Druck sah:

Da war zum einen der mit erheblicher Materialüberlegenheit geführte Angriff der Briten und Franzosen an der Somme. Und da gab es zum anderen die Bedrohung durch die Brussilow-Offensive an der Ostfront. Letztere brachte zwar zuerst „nur" die Truppen Österreich-Ungarns in die Bredouille, bedeutete aber für die verbündeten Deutschen, ein Übriges an Unterstützung leisten zu müssen.

Die deutsche Seite konnte übrigens die vor Verdun erzielten Geländegewinne nicht behaupten. Bis Dezember 1916 gelang es den französischen Truppen, in einer Reihe systematischer, begrenzter Angriffe das verlorene Terrain zurückzugewinnen.

Die menschenverachtende Rechnung des Herrn von Falkenhayn war nicht aufgegangen. Zwar erschien das französische Heer durch den Kampf um Verdun stark erschüttert, doch bedurfte es einer noch größeren Herausforderung, um dieses Heer an den Rand seiner Einsatzfähigkeit zu führen (dazu der nächste Abschnitt). Im Übrigen: Diese Armee stand nicht allein – gab es doch auch noch die in ihrer Kampfmoral relativ stabilen Briten und später die Unterstützung frischer US-amerikanischer Kräfte.

Und die Deutschen? Sie, die immer wieder in der Pflicht standen, angreifen zu müssen, sahen sich am Ende kaum weniger beschädigt als die Franzosen.

Es gibt, aus heutiger Sicht, eine grobe Schätzung der Opferzahl der Schlacht um Verdun: Danach sind insgesamt über 800 000 Soldaten ums Leben gekommen, verwundet beziehungsweise verstümmelt worden.

Vor diesem Hintergrund wird nur zu sehr verständlich, dass Verdun zu *dem* Symbol für die Unsinnigkeit des Krieges schlechthin geworden ist.

Aisne – Champagne

Am 9. April 1917, unmittelbar nach dem deutschen Rückzug in die Siegfriedstellung, brach bei Arras, am Nordende des gerade geräumten Gebietes, ein britischer Angriff gegen die neuen deutschen Verteidigungsanlagen los. Da diese in dem fraglichen Bereich noch nicht in der vorgesehenen Tiefe hatten ausgebaut werden können, war der Angriff erfolgreich und erzielte einen sehr beträchtlichen Einbruch.

Doch die Briten verkannten die Gunst der Stunde und nutzten ihren Erfolg nicht aus, sodass hinreichend Zeit verstrich, um der deutschen Seite die Abriegelung durch Einsatz schnell herangeholter Reserven zu ermöglichen.

Eigentlich hatte man sich – nach dem erhofften Durchbruch in die Tiefe stoßend – mit einem zweiten, mächtigeren Stoßkeil vereinigen wollen, um damit ein langes Stück deutscher Frontlinie ausheben zu können. Dieser zweite Stoß sollte am anderen Ende der Siegfriedstellung sowie weiter südlich davon durch die französische Armee geführt werden.

Die griff denn auch am 16. April auf breiter Front an: wohl etwas zu spät, denn die Briten waren zu dieser Zeit bereits steckengeblieben. Der Angriff, getragen von einer beträchtlichen Überlegenheit an Soldaten und vor allem an Artillerie, entfaltete sich an der Aisne sowie in der Champagne, östlich von Reims. Deswegen ist auch gelegentlich von einer „Doppelschlacht" die Rede. Meist wird aber der Begriff „Nivelle-Offensive" gebraucht.

General Nivelle, der durch die Organisation einer zähen und relativ aktiven Verteidigung Verduns beeindruckt hatte, war mittlerweile Oberbefehlshaber der französischen Armee geworden. In der Verteidigung schien er einige Originalität zu besitzen. Doch als Inspirator und Führer einer Großoffensive war er eine eklatante Fehlbesetzung.

Er verhieß seiner gewaltigen Unternehmung durchschlagenden Erfolg in nur 48 Stunden, vielleicht sogar den endgültigen Sieg – bei „nur" 10 000 Mann an Verlusten (wobei nicht klar schien, ob damit ausschließlich französische oder auch britische Opfer gemeint waren).

Sein strategisches Genie fiel freilich weit hinter seine Aspirationen zurück. Zum einen schien es ihn nicht weiter zu scheren, was im britischen Frontabschnitt vor sich ging, obwohl dies doch für das Gelingen des Gesamtplanes von entscheidender Bedeutung war. Zum anderen ließ er nach altem Standardrezept angreifen: systematisch, breitgefächert, ohne wirkliche Schwerpunktbildung und mit einer lang andauernden Artillerievorbereitung, die dem Angreifer den Vorteil der Überraschung nahm.

So ging denn die Unternehmung gründlichst schief. Dort, wo angegriffen wurde, erwies sich die tiefe und flexible Verteidigung des deutschen Heeres als bereits voll ausgebaut.

Nach Anfangserfolgen verlor der Angriff schnell seinen Schwung, verebbte, ja verendete im Irrgarten des defensiven Netzes. Und was von den französischen Eindringlingen übrig geblieben war, wurde von den deutschen Reserven zurückgetrieben oder vernichtet.

Nach heutigen Schätzungen nahm mehr als eine Million französischer Soldaten an der Nivelle-Offensive teil. Damit war man dem Gegner um den Faktor 2,5 quantitativ überlegen. Beim Artilleriematerial, Nivelle setzte 7 000 Geschütze ein, dürfte die Diskrepanz ähnlich groß gewesen sein.

Zu den Opfern: Wenn auch die britische Aktion bei Arras mitberücksichtigt wird, ergaben sich Verluste der Entente an Toten und Verwundeten, deren Zahl bei deutlich über 180 000 lag, während für die deutsche Seite zwischen 140 000 und 160 000 verbucht werden mussten. Und das bei einer Operation, deren schlimmes Ende bereits nach zwei Wochen absehbar und die nach weiteren drei Wochen abgeschlossen war.

Die französische Führung musste die Nivelle-Operation vor allem auch deswegen als katastrophales Ereignis werten, weil im Zuge der Operation der innere Halt der Angriffskräfte schwer gelitten hatte. Da war nicht nur die hohe Zahl der Opfer, die man in kurzer Zeit hinnehmen musste, sondern insbesondere auch das durch die spezifische Art der deutschen Verteidigung vermittelte Gefühl, völlig hilflos, ohne echte Handlungsoptionen zu sein.

Die Truppe fand sich vor eine unlösbare Aufgabe gestellt und verheizt. Sie reagierte darauf mit epidemisch sich ausbreitenden Meutereien. Einige Verbände marschierten unter roten Fahnen ab. Ein späterer Kriegsminister der französischen Republik soll geäußert haben, dass es „einen Tag gab, an dem zwischen Soissons und Paris nur zwei Divisionen waren, auf die man sich völlig verlassen konnte". Und von einer dieser Divisionen wurde berichtet, dass ihre Männer auf den Marschbefehl zur Front hin sturzbetrunken und ohne Waffen antraten.

Der Zerfall der Armee schien unmittelbar bevorzustehen – seltsamerweise von deutscher Seite vollkommen unbemerkt.

Die Gefahr für die Republik war groß. So mühten sich denn Regierung und hohe Militärs, mit äußerst drakonischen Mitteln die Ordnung im Heer wiederherzustellen. Bis Ende Juni 1917 gelang das denn auch.

General Nivelle war bereits etliche Wochen zuvor vom Oberbefehl zurückgetreten.

# Kapitel 4
Perspektive:
Wege zur Rettung des Krieges

Im ersten der drei Essays dieses Kapitels geht es um Innovationen auf dem Gebiet der Taktik und Truppenführung, die sich im Verlauf des Ersten Weltkrieges entwickelten und die eine Rückkehr zum Bewegungskrieg verhießen: eines Bewegungskrieges „höherer Art" allerdings.

In diesem Zusammenhang ist festzuhalten, dass es sich in der Hauptsache um Neuerungen handelte, die speziell aus dem deutschen Heer kamen.

In den Landstreitkräften der Gegner des Deutschen Reiches war man deutlich weniger experimentierfreudig und setzte eher noch auf alte Rezepte (Ausnahmen bestätigten die Regel).

Im zweiten Beitrag wird ausgebreitet, mit welchen wesentlichen neuen Technologien die Kontrahenten, vor allem jene an der Westfront, den Lauf des Geschehens wenden wollten, also die Starre der Konfrontation zu überwinden trachteten.

Dabei stehen sowohl Systeme und Wirkmittel für den Landkrieg als auch solche für den Premiere feiernden Luftkrieg im Mittelpunkt des Interesses. Es geht um Panzer, Giftgas, Luftschiffe und Flugzeuge.

Der dritte Essay schließlich ist dem offensiven U-Bootkrieg gewidmet, der ebenfalls zu einer deutschen Spezialität wurde. Dieser evozierte im Volke große Emotionen, enttäuschte am Ende aber die in ihn gesetzten Erwartungen.

Auch hierbei handelt es sich um „neue Technologie", deren Einsatz allerdings nicht, wie die anderen Innovationen, eher der taktischen oder operativen Ebene zuzuordnen ist, sondern der strategischen.

Ging es doch darum, die Gegner, indem man sie von essenziellen Ressourcen abschnitt, zum Aufgeben zu bringen, beziehungsweise den an den Landfronten kämpfenden eigenen Truppen Siegeschancen zu eröffnen und damit Kriegführung letztlich wieder zu einem zweckgerichteten Unterfangen zu machen.

Konzept der Dynamik

Durchbruch: Hintergrund und Skizze

Das Deutsche Reich war zu Beginn des Ersten Weltkrieges, nach den Vereinigten Staaten von Amerika, das ökonomisch zweitstärkste Land der Erde und hatte in der technologischen Entwicklung eine Spitzenstellung erreicht.

Zugleich verfügte es über ein großes Heer, das vor allem wegen seiner guten Ausrüstung, Ausbildung und Führung an Kampfkraft allen Konkurrenten überlegen schien. Sein Offizierkorps hatte in der Tradition des durch *Helmuth Graf von Moltke* (1800–1891) geprägten preußischen Generalstabes einen hohen Stand der Professionalität erreicht – einer Professionalität, die anderen Armeen als Vorbild galt. Zugleich war dieses Offizierkorps zutiefst „antibürgerlich". Der sich entwickelnden modernen Industriegesellschaft und ihren Exponenten begegnete man elitär: mit Arroganz und Verachtung. Zwar wurden manche technische Neuerungen in ihrer militärischen Verwertbarkeit durchaus anerkannt. Denn das gebot die eigene Professionalität. Doch gab es zugleich auch eine innere Distanz gegenüber dem, was das Maschinenzeitalter zu bieten hatte. Der militärische Geist sollte sich gegenüber der schnöden Materie behaupten können.

Die besondere Bedeutung, die damit der Führungskunst, dem erfindungsreichen „Operieren", beigemessen wurde, mag wesentlich dazu beigetragen haben, dass vorrangig eine genuin „militärische" und weniger eine „technologische" Lösung für das als brennend empfundene Problem gesucht wurde, den Stellungskampf und damit den Bankrott des Krieges zu überwinden. *In den Armeen der Entente, deren Länder technologisch ebenfalls in der Spitzengruppe rangierten, deren militärische Professionalität aber geringer entwickelt erschien, war eher die umgekehrte Entwicklung zu beobachten. (So wurde etwa im Sinne einer Wunderwaffe auf den Panzer gesetzt: das Kampffahrzeug mit Gleisketten.)*

In der Konsequenz entstand in der preußisch geprägten deutschen Armee das operativ-taktische Konzept des „Durchbruchs", das im Wesentlichen in einem optimierten Gebrauch vorhandener Strukturelemente bestand. Die Verwendung von Giftgas mag dem widersprechen, doch dürften die damaligen Akteure dies als eine bloße Steigerung des Kampfwertes herkömmlicher Artillerie gesehen haben: eine bisweilen enorme Steigerung zwar, aber doch etwas, das aus der Sicht der Führung nicht vollkommen aus dem Rahmen fiel (siehe den Abschnitt „Gas" unter „Technologien der Bewegung").

Das Konzept des Durchbruchs entwickelte sich zunächst an der Ostfront, mit ihren langen Defensivlinien und einer Kräfte-Raum-Relation, die für den Verteidiger nicht so günstig war wie im Westen. Der rasche Durchbruch sollte den Ansatz des „Sich-Durchfressens" ersetzen – also den der schrittweisen, systematischen Vorwärtsbewegung überlegener Kräfte, wie er von den Truppen der Entente über lange Zeit praktiziert wurde.

Noch bevor das Konzept voll entfaltet war, gab es erste überzeugende Erfolge – etwa in der Schlacht von Gorlice-Tarnow, im Mai 1915, in der die russische Front durchbrochen wurde. Mit zunehmender Vervollkommnung erschien das Erfolgsrezept dann auch auf die Westfront übertragbar. Das Konzept lässt sich wie folgt skizzieren:

Es wird eine Einbruchstelle festgelegt: auf der Basis von Test-Angriffen und Erkundungen, die auf örtliche Schwächen im gegnerischen Dispositiv hindeuten, und im Hinblick auf die Möglichkeit, von dort aus relevante Ziele in der Tiefe des Raumes effektiv bedrohen zu können. Die zum Durchbruch bestimmten Kräfte, insbesondere Sturmtruppen und Pioniere, werden vor der Einbruchstelle tief gegliedert zusammengefasst und haben unmittelbar nach kurzem, konzentrischen Feuer der Artillerie (und dessen rascher Vorverlegung) schnell die ganze Tiefe der feindlichen Verteidigung zu durchstoßen. Dazu müssen sie rücksichtslos vorwärts gehen, sich nicht durch etwaige Widerstandsnester aufhalten lassen, um die Stellungen der feindlichen Artillerie nehmen zu können. Zur unmittelbaren Unterstützung sind Nahkampfgeschütze zügig nachzuführen. Offene Flanken sind zu riskieren. Das Brechen des Widerstandes umgangener Stellungen und das seitliche Aufrollen bleibt nachfolgenden Staffeln der Infanterie überlassen. Das Nachziehen starker, tief gestaffelter Reserven hat den Kampf zu nähren (verfasst in Anlehnung an den Eintrag „Durchbruch" im Band 5 des Großen Brockhaus, Leipzig 1930, dessen Inhalt wahrscheinlich durch die damalige Reichswehrführung inspiriert war).

Element „Artillerie"

Ein wesentliches Strukturelement für das Durchbruchkonzept des deutschen Heeres bildete fraglos die Artillerie, und zwar in optimierter Gliederung und Funktionsweise.

Der große Organisator und Inspirator der deutschen Feldartillerie im ersten Weltkrieg war Oberst *Georg Bruchmüller* (1863–1948), *nom de guerre:* „Durchbruchmüller". Er entwickelte und perfektionierte sein Konzept an der Ostfront. Gegen Ende des Krieges war er dann für den Artillerie-Einsatz an der Westfront verantwortlich. Seine Innovationen machten Schule und wurden – allerdings mit einigem Zeitverzug und nicht sehr konsequent – auch bei den Streitkräften der Entente eingeführt.

Wie sah sein Rezept aus? Bruchmüller erklärte das einen Angriff vorbereitende, auf breiter Front erfolgende Trommelfeuer für obsolet. Es erschien ihm einfach als Munitionsverschwendung. Zwar erkannte er an, dass man damit die Verteidiger in ihren Gräben mürbe klopfen konnte wie ein Wiener Schnitzel. Zugleich aber wusste er, dass dadurch der Gegner gewarnt war und er Zeit erhielt, Reserven zur Abriegelung eines möglichen Einbruches anmarschieren zu lassen.

Stattdessen setzte Bruchmüller, wie bereits angedeutet, auf einen überraschenden, konzentrierten Feuerschlag gegen die vorgesehene Einbruchstelle: unmittelbar vor dem Angriff, gleichsam als *Penetrationshilfe* für die stürmende Infanterie. An diesem Feuerschlag sollten sich die Geschütze aller Kaliber beteiligen, was eine enorme Flexibilisierung der Artillerie-Organisation erforderte. Denn: Verschiedene Kaliber bedeuten auch meist unterschiedliche Reichweiten.

Nach Gelingen des Einbruches sollte das zusammengefasste Artilleriefeuer nach Art einer „Feuerwalze" den stürmenden Truppen in möglichst enger Koordination zügig vorausgehen.

Im Übrigen sah Bruchmüller, dass die Infanterie für alle Eventualitäten eigene leichte Geschütze benötigte – zur Erhöhung ihrer Durchsetzungsfähigkeit und zur direkten Abwehr unmittelbarer feindlicher Gegenstöße.

Element „Sturmtruppen"

Bei dem *anderen* wesentlichen Strukturelement des Durchbruchkonzeptes handelte es sich um die *Sturmtruppen*, eine genuin deutsche Innovation. Gemeint war eine Elite-Infanterie, die den weniger qualifizierten Fußsoldaten des üblichen Standards im Angriff vorauseilen sollte.

Diese Elite wurde aus Soldaten gebildet, die, soweit realisierbar, nach Kriterien physischer Fitness, der Motivation und Kriegserfahrung ausgesucht worden waren. Auf jeden Fall aber wurden diese Männer einer speziellen Ausbildung unterzogen: oft in unmittelbarer Frontnähe, wenn möglich auch in speziellen rückwärtigen Camps.

Sicherlich war für den Sturmangriff in ein feindliches Stellungssystem hinein, und hindurch, eine wirksame Bewaffnung, also adäquate Technik, erforderlich. Doch ganz besondere Innovationen gab es in diesem Zusammenhang kaum. Da waren statt des sperrigen Gewehrs der scharfgeschliffene Spaten als Hiebwaffe, die vielschüssige, halbautomatische Pistole, die Handgranate, das leichte Maschinengewehr oder auch der Flammenwerfer des am Sturm beteiligten Pioniers.

Sehr viel wichtiger war die Taktik, die neue *fluide* Art, sich „in den Feind hinein" zu bewegen. Und die musste immer wieder geübt werden.

An die Stelle des Frontalangriffes großer Infanterie-Kontingente, des Stürmens über potentiell tödliche Distanzen hinweg, trat die koordinierte, Schwachstellen im gegnerischen Dispositiv suchende und ausnutzende Vorwärtsbewegung kleiner Gruppen in einer Serie kurzer „Sprünge". Feuer und Bewegung wechselten einander dynamisch ab. Tempo und Tiefe auf dem Weg des geringsten Widerstandes: Das war es, worum es zuvörderst ging.

Die neue Infanterietaktik hatte zahlreiche Väter an allen Fronten, an denen das deutsche Heer kämpfte. So zahlreich und in den jeweiligen Meriten so nuancenreich, dass eine entsprechende Darstellung den Zuschnitt dieses Essays sprengen würde.

Stattdessen sei, *pars pro toto*, auf die erstaunliche Leistung eines jungen Offiziers hingewiesen, die Kriegsgeschichte machte:

Als im Oktober 1917 österreichisch-ungarische und deutsche Truppen an der Isonzofront zu einem in die Tiefe des Raumes zielenden, überraschenden Befreiungsschlag antraten (siehe „Die italienische Front" in Kapitel 2), bildete ein württembergisches Gebirgsjägerbataillon die wichtigste Sturmspitze dieser Operation.

Es handelte sich um einen Eliteverband mit drei Infanteriekompanien und einer Maschinengewehrabteilung, der von einem Oberleutnant namens *Erwin Rommel* (1891–1944) geführt wurde. Dieser erwies sich als wagemutiger, flexibler Taktiker: Widerstände umgehend, eigene Flankensicherung kalkuliert vernachlässigend und aufs Tempo drückend. *Diese Episode ist heute kaum noch bekannt. Kenntnisse sind spärlich. Jedenfalls degradierte der Redakteur eines großen deutschen Nachrichtenmagazins, der sich mit Erwin Rommels Erfahrungen im Jahre 1917 zu befassen hatte, diesen rückwirkend zum Unteroffizier.*

Spektakuläres Misslingen

Ende 1917/Anfang 1918: Die Dinge standen nicht gut für das Deutsche Reich. Die Erschöpfung seiner Kriegsressourcen war abzusehen. Und die Vereinigten Staaten, sie hatten den Mittelmächten im April 1917 den Krieg erklärt, schickten sich an, in zunehmendem Maße kampfstarke Truppen auf den europäischen Kriegsschauplatz zu entsenden. Allerdings, die Mittelmächte hatten einen großen Gegner weniger. Mit der Novemberrevolution 1917 war nämlich Russland *de facto* aus dem Krieg ausgeschieden. Deutsche Truppen, die bis dato an der Ostfront standen, konnten nun im Westen eingesetzt werden.

General Ludendorff erkannte ein „Fenster der Gelegenheit" und beschloss, noch einmal – fast – alles auf eine Karte zu setzen. Im Frühjahr 1918 sollte an der Westfront eine Großoffensive beginnen, und zwar gestützt auf das neue Durchbruchkonzept.

Durch Transfer von Truppen von der Ostfront wollte er eine numerische Überlegenheit erzielen, zumal die USA erst einige wenige Divisionen entsandt hatten.

Die quantitative Überlegenheit hätte freilich sehr viel größer sein können, denn man beließ noch erhebliches Potential im Osten. Es sollten nämlich, im Geist des deutschen Imperialismus, das ganze Baltikum und die Ukraine besetzt werden.

Ein eher knapper zahlenmäßiger Vorteil reichte aus der Sicht General Ludendorffs aber aus, denn er beabsichtigte, seine Truppen für die Offensive örtlich stark zu konzentrieren und mit dem überlegen dünkenden Ansatz des operativ-taktischen Durchbruchs antreten zu lassen.

Die strategische Idee der Unternehmung bestand darin, an der Nahtstelle zwischen den britischen und französischen Armeen in die Tiefe des gegnerischen Raumes zu stoßen, um dann die Option zu bekommen, die Briten zum Rückzug über den Ärmelkanal zu zwingen beziehungsweise die Gegner getrennt zu schlagen.

Nach einem so überraschenden wie verheerenden Feuerüberfall der Artillerie, die mit ihren ersten Salven auch Gasgranaten verschoss, traten überlegene Verbände, Sturmtruppen voraus, auf einer Breite von etwa 70 Kilometern zum Angriff an. Allerdings nicht im Sinne frontalen Vorgehens, sondern auf einzelne Einbruchstellen fokussiert.

Die Sturmtruppen erreichten täglich beispiellose Marschleistungen, ganz zu Anfang in der Größenordnung von 20 Kilometern und mehr, doch kam die Offensive nach etwa zwei Wochen zum Erliegen – und zwar nicht nur deswegen, weil die andere Seite mittlerweile Reserven herangebracht, ihr Dispositiv gefestigt hatte.

Nein, es gab auch systematische deutsche Fehler, die sich bei weiteren deutschen Offensiven bis zum Frühsommer 1918 wiederholen sollten. (Darauf ging die Initiative endgültig an die Entente über.)

Was waren die Fehler der deutschen Armee und insbesondere die Ludendorffs?

Operativ (auf die Optimierung der gesamten Offensive bezogen): Jene Großverbände, die am schnellsten vorankamen, erhielten nicht den Löwenanteil der Reserven. Diese wurden wiederholt „in der Breite" verzettelt, um imaginierte Flankenbedrohungen zeitaufwendig auszuräumen.

Taktisch (im Hinblick auf die Koordination vor Ort): Die Sturmtruppen erreichten mitunter ein so hohes Tempo, dass – trotz der Bemühungen Bruchmüllers – die Artillerie, welche mit ihrer Feuerwalze eigentlich als Bahnbrecher dienen sollte, dieser Aufgabe nicht mehr gerecht werden konnte. Die Infanterie geriet also über den vorderen Rand des schützenden Schirmes hinaus.

Logistisch (die Leistungsfähigkeit der Transportmittel betreffend): Das wirkungsvolle Nähren des Angriffes aus der eigenen Tiefe stieß offenbar auf logistische Grenzen. So schnell, so viele Reserven nach vorne bringen zu müssen, überforderte die Nachschuborganisation mit ihrer unzureichenden Motorisierung.

Strategisch gesehen (also im Lichte des „höheren Ziels" der Gesamtoperation), entstand der Eindruck, dass die deutschen Truppen sich in die *falsche Richtung* bewegten. Starker britischer Widerstand drängte sie von ihrer Orientierung auf die *Küste* ab, und auch die Option, die Gegner getrennt zu schlagen, wollte sich nicht auftun.

Festzustellen ist, dass Ludendorff sich bei seinem Unterfangen zwar eines vielversprechenden Konzeptes zu bedienen trachtete, dieses aber in seiner letzten Konsequenz nicht begriffen hatte.

Kommentar aus militärtheoretischer Sicht: *Wenn man annimmt, dass der „falsche" Kurs das Ergebnis einer Orientierung am geringsten Widerstand ist, muss gefragt werden, was gilt: die strategische Zielvorgabe oder der operativ-taktische Opportunismus. Eine Lösung dieses Problems mag darin liegen, dass an der strategischen Richtung (allerdings im flexiblen Sinne und mit der Inkorporation von Alternativen) festgehalten, operativ und taktisch aber nach dem Prinzip der Fluidität verfahren wird.*

Nach dem Krieg fragte sich der britische Militärtheoretiker *Basil Henry Liddell Hart* (1895–1970), und etliche Praktiker in verschiedenen Ländern dachten ähnlich, ob die Frühjahrsoffensive nicht doch hätte gelingen können, wenn statt der Sturmtruppen *Panzer* als das fluide Angriffselement eingesetzt worden wären: Panzer, deren Entwicklung in Deutschland vernachlässigt worden war.

„Undeutsche" Technologie kombiniert mit deutscher Taktik? Damit war ein Muster geboren, das die Zukunft des *armoured warfare* prägen sollte.

Technologien der Bewegung

Panzer

Der Panzer, also der Kampfpanzer, wie er heute genannt wird, ist ein Gefährt mit eigenem Antrieb, das – einigermaßen geschützt vor feindlichen Einwirkungen – sich auch abseits von Straßen zu bewegen vermag und das mit seiner Bewaffnung gepanzerte und ungepanzerte Ziele im direkten Beschuss bekämpfen kann.

Seine Vorgeschichte, in der ein Konstrukteur namens *Leonardo da Vinci* (1452–1519) hervorsticht, ist faszinierend, doch wollen wir uns damit nicht aufhalten.

Die Geschichte des modernen Panzers begann 1911 mit der Konzipierung eines „Motorgeschützes" durch *Günther Adolph Burstyn* (1879–1945), damals Oberleutnant im k. u. k.-Eisenbahnregiment, dessen Entwurf dem Kriegsministerium in Wien 1912 vorlag und der aus blankem Unverständnis abgelehnt wurde.

Ernst wurde es dann um die Jahreswende 1914/15. Vor allem in Frankreich war die militärische Konfrontation zum Stellungskrieg geworden. Vor diesem Hintergrund suchten kluge Köpfe in Großbritannien und unabhängig davon auch in Frankreich nach einer technischen Lösung, die ein zügiges Überwinden von Schützengräben in feindlichem Feuer ermöglichen würde.

Das Ergebnis war die Idee der Entwicklung eines gepanzerten und bewaffneten Motorfahrzeuges auf *Gleisketten:* einer Innovation, die von für schwere Böden bestimmten landwirtschaftlichen Traktoren entliehen werden sollte.

In diesem Kontext wurde in England das *landships committee* gegründet. Bereits im Frühsommer 1915 gab es den ersten Prototyp des erwünschten Vehikels, welcher einigermaßen funktionierte. Das Fahrzeug hatte die Form eines kompakten Kastens, war noch nicht bewaffnet und wurde „Little Willie" geheißen.

An dieser Stelle ist ein kurzer Einschub in Sachen „britischer Militärhumor" fällig: *„Willie" war der englische Spottname des deutschen Kaisers, bedeutete zugleich aber auch „Penis". Folgerichtig nannte man den deutschen Kronprinzen „Little*

Willie", womit denn auch ein kleiner Penis assoziiert werden durfte. Rätselhaft, warum unser Panzerchen ebenso getauft wurde!

Auf *Little Willie* folgte der bereits für die Feldverwendung vorgesehene Mark I, genannt *mother*, der im Frühsommer 1916 an die Front kam. Zur Täuschung der feindlichen Spionage wurde er als *tank* (Wasser- oder Öltank) deklariert, was sich als zukunftsträchtige Bezeichnung erweisen sollte.

Das Fahrzeug war viel größer als sein Vorgänger und nicht kastenförmig, sondern rhomboid: im Profil wie ein Parallelogramm anzusehen. Es besaß keinen zentralen Drehturm. Mit seiner langen Basis und der vorderen – schrägen – Führung der Ketten schien es für das Überwinden von Gräben und anderen Hindernissen optimiert.

Auf den Mark I folgten etliche verbesserte Versionen. Hier einige Daten zum Mark V von 1918:

Besatzung	8
Bewaffnung (in den Seitenwänden)	2 Kanonen 57 mm & 4 MG oder 6 MG oder 1 Kan. 57 mm & 5 MG
Panzerung	15 mm vorn, 10 mm seitlich, 6 mm oben
Geschwindigkeit	9–10 km/h (max.)
Reichweite	100 km
Gewicht	33 t
Motorleistung	150 PS
Länge	8,06 m
Breite	3,65 m
Höhe	2,63 m

Und noch ein bisschen britischer Jux: Die Panzer, die nur mit MG ausgestattet waren, wurden als „weiblich" bezeichnet – jene, die auch eine Kanonenbewaffnung aufwiesen, als „männlich".

Die Vehikel der Reihe Mark I–V waren im Vergleich mit heutigen Kampfpanzern viel voluminöser, aber leichter, stark untermotorisiert und sehr schwach gepanzert. Doch sie „taten ihre Arbeit". Will sagen: Sie erfüllten ihre Rolle im Rahmen der gestellten taktischen Aufgaben.

Das ließ sich von den parallel entwickelten französischen Panzern (Schneider CA1, St. Chamond) nicht unbedingt sagen. Diese erschienen wegen einiger Produktionsprobleme erst 1917 an der Front und erwiesen sich als relativ störanfällig sowie nicht gut für das Forcieren von Grabensystemen geeignet.

So wurde eine Arbeitsteilung beschlossen: Die Franzosen sollten sich stärker auf den Bau von leichten Panzern konzentrieren und die Briten den Bau von schweren ausweiten. (Der CA1 galt damals als mittlerer Panzer, während der St. Chamond und die britischen Mark-Versionen der schweren Kategorie zugerechnet wurden.)

So lief zu Anfang des Jahres 1918 die Produktion von CA1-Vehikeln und St. Chamonds nach jeweils 400 Einheiten aus, während die britischen schweren Panzer weiter hergestellt wurden: Von 1916 bis Ende 1918 waren es über 1 300 Fahrzeuge. (Hinzu kam auf englischer Seite noch der mittlere Panzer „Whippet", von dem man mehrere Hundert Exemplare baute und der seine Feuertaufe im Frühjahr 1918 erhielt.)

Der leichte Panzer der Franzosen, der Renault M 17 Ft, von dem bis Kriegsende ca. 3 000 Einheiten an die Truppe gingen, bewährte sich an der Front und als Exportschlager der Nachkriegszeit. Er war beweglicher als die großen Ungetüme der ersten Stunde, besaß bereits einen mit einer kleinen Kanone (oder MG) bestückten zentralen Drehturm und hatte – welch Novum! – eine selbsttragende Panzerwanne.

Die Aufgabe der leichten Panzer sollte es sein, in größeren Stückzahlen als flexible Reserve höherer Befehlsebenen zu dienen, um etwaige Geländegewinne der schweren oder mittelschweren Panzerverbände zu konsolidieren und auszuweiten.

Solche Geländegewinne gab es bei „Tank"-Angriffen der Briten und Franzosen jedoch meist nur in eher bescheidenem Maße – jedenfalls ohne wirklich dramatische Durchbrüche, obwohl die neuen Maschinen in immer größerer Zahl eingesetzt wurden. So waren es an der *Somme* im Juli 1916 nur etwa 50 Panzer, während bei Cambrai, im November 1917, fast 500 für eine Angriffsoperation zur Verfügung standen.

Doch diese Panzer griffen typischerweise auf viel zu breiter Front an, im Tempo der unmittelbar folgenden, ungeschützten Infanterie – ohne wesentliche Schwerpunktbildung und in steter Furcht, offene Flanken zu bieten. Demgegenüber erwies sich die deutsche Seite eher als lernfähig. Ihre Defensive wurde immer flexibler – etwa im Hinblick auf den Einsatz vorgezogener Artillerie zur Panzerbekämpfung oder die Verfügbarkeit von Alarmreserven.

Gleichwohl blieben die Panzerangriffe keineswegs ohne Ergebnis: zwangen sie doch das deutsche Heer wiederholt zu enormen Abwehranstrengungen, die durch ihre kräftezehrende Wirkung wesentlich dazu beitrugen, dass schließlich nur noch die Option des Aufgebens blieb.

In Deutschland hatte man auf dem Gebiet des Panzerbaus fast gar nichts vorzuweisen. Es waren insgesamt nur 20 schwere Panzer (A7V) hergestellt worden, die 1918 – gemeinsam mit einigen Beutepanzern – ihre ersten Gefechte bestehen mussten und sich dabei als zu komplex beziehungsweise unhandlich erwiesen.

Die Gründe für diese Abstinenz? Zum einen glaubte man wohl, mit dem neuentwickelten Durchbruchkonzept (siehe vorangehender Beitrag) eine gute Lösung für das Problem gefunden zu haben, die Initiative zurückzugewinnen. Und dieses Konzept schien keiner Panzerkomponente zu bedürfen.

Zum anderen fehlten dem deutschen Heer in der zweiten Hälfte des Krieges, bei sich verschärfender Lage, einfach die Ressourcen für den Einstieg in eine veritable Panzerrüstung. *Die Hochrüstung für den – wie noch zu zeigen sein wird: kontraproduktiven – U-Bootkrieg hatte den Landstreitkräften das Wasser abgegraben.*

Gas

Gaskrieg: Dieses Wort löst schreckliche Assoziationen aus, steht mehr als alles andere für das Grauen des Krieges. Ein Bild erscheint vor unseren Augen und macht unendlich traurig: Da ist eine lange Schlange von Soldaten. Der erste, der Führer, ist ein Sehender, alle übrigen sind frisch erblindet, hilflos, und halten sich jeweils an ihrem Vordermann fest. Und so geht es im Gänsemarsch ins Frontlazarett.

Auch ein gewisser Gefreiter namens *Adolf Hitler* (1889–1945) hätte dabei sein können, war doch auch er Opfer eines Gasangriffes.

Das deutsche Heer vollbrachte Pionierleistungen auf dem Gebiet der Kriegführung mit Kampfgas. Bereits Ende 1914 und im Januar 1915 wurden an der Westfront „niesenerregende" – also noch relativ harmlose – Stoffe eingesetzt, und zwar ohne erkennbare Wirkung. Doch ein systematischer Angriff mit „echtem" Giftgas *(Xylil-Bromid)* folgte dann einige Monate später bei Ypern in Flandern.

Das Gas wurde aus Druckflaschen abgeblasen. Der deutschen Seite gelang ein Einbruch in die feindlichen Linien, sie nutzte dies aber nicht sofort aus: Zu unerwartet war der Erfolg gekommen. Die andere Seite brachte Reserven heran und improvisierte Schutzmittel. So blieb der deutsche Geländegewinn eher bescheiden.

Der Einsatz von Giftgas konnte durch das Wetter, insbesondere durch Regen und widrige Winde, stark beeinträchtigt werden – war also taktisch nicht immer leicht zu kalkulieren. Dies wurde besonders bei dem vor Ypern angewandten „Blaseverfahren" deutlich.

Der taktische Einsatz war dann besser – aber immer noch mit einer Unsicherheitsmarge – zu kontrollieren, wenn das Gas durch Artilleriegeschosse verbracht wurde. Hier gebührt der französischen Seite, die schnell aufgeholt hatte, die zweifelhafte Ehre der Pioniertat: Man verschoss Ende Februar 1916 bei Verdun Granaten mit tödlichen Giftstoffen. Bald darauf folgten dann die Deutschen mit dem Verschießen von Gas bei Chattancourt und Fleury.

Mit der Giftgas-Technologie meinte man ein Mittel gefunden zu haben, welches – wie etwa auch der Panzer im Kontext der Entente – entscheidend dazu beitragen würde, die starre Konfrontation in den Grabensystemen aufzubrechen. Die Erwartungen wurden aber meist enttäuscht.

Obwohl die deutsche Seite erheblich mehr Kampfgas produzierte und einsetzte als die Gegner, waren diese – gemeint sind vor allem Frankreich und Großbritannien – auf dem Gebiet des Giftkrieges durchaus nicht ohne Einsatzoptionen. Und es wurden Schutzmittel gegen die neue Bedrohung entwickelt, Gasmasken etwa bald industriell produziert.

Dies alles vor dem Hintergrund der Tatsache, dass von den britischen und französischen Militärs die Möglichkeit eines Gaskrieges genauso früh erwogen worden war wie von den deutschen. Allerdings, letztere hatten die Schwelle zuerst überschritten.

Nachtrag: Kopf und Motor des deutschen Gaskrieg-Programms war *Fritz Haber* (1868–1934), glühender Patriot und einer der bedeutendsten Chemiker seiner Zeit. 1918 erhielt er für die „Ammoniaksynthese" (Grundlage der industriellen Herstellung von Düngemitteln und Sprengstoffen) den Chemie-Nobelpreis.

Wenige Tage nach dem von Haber beaufsichtigten deutschen Gasangriff vor Ypern erschoss sich seine Frau *Clara,* geborene *Immerwahr* (1870–1915), mit der Dienstwaffe ihres Mannes *(Parabellum).* Clara Immerwahr hatte in dessen Fach als eine der ersten deutschen Frauen promoviert und war eine profilierte Frauenrechtlerin.

Fritz Haber, jüdischer Herkunft, emigrierte 1933 nach England.

Zeppelin

Im Deutschen Reich hatte sich anfangs des 20. Jahrhunderts um die Starrluftschiffe des *Grafen Zeppelin* (1838–1917) ein wahrer Kult entwickelt. Diese silbrigen, phallischen Riesenwürste schienen in der deutschen Seele etwas anzusprechen: nämlich das Bedürfnis, der Welt Selbstbewusstsein, technologische Überlegenheit und Machtanspruch zu signalisieren.

Die ersten „Zeppeline" waren allerdings noch technologisch unvollkommen. Das Luftschiff SL2 von *Schütte-Lanz* brachte dann Ende 1913 entscheidende Verbesserungen (Stromlinienform, innenliegender Laufgang, vereinfachte Steuerung), die flugs in den Bau neuer Zeppeline eingebracht wurden. Das Starrluftschiff war also noch rechtzeitig zum Ersten Weltkrieg in Form gebracht worden.

Die Militärs waren begeistert. Während des Krieges produzierte man in Deutschland um die Hundert solcher Luftgefährte (auch die Zahl 120 ist genannt worden). 88 davon waren Zeppeline. Der Rest entfiel auf Schütte-Lanz und andere Werften.

Der Materialverbrauch nicht nur für den Bau der Luftschiffe, sondern auch ihrer riesigen Wartungshallen war extrem hoch. Um eine Vorstellung von den Dimensionen zu geben:

Ein Zeppelin aus der Endphase des Krieges war fast 227 Meter lang und hatte einen Rauminhalt von 62 000 Kubikmetern. Sein Antrieb: Sechs Motoren mit je 1 560 PS. (Die Hülle des Schiffes wurde durch ein Gerippe aus dem damals sehr teuren und knappen Duraluminium stabilisiert.)

Ab Anfang des Krieges wurden die Luftschiffe von der Marine zur strategischen Aufklärung und vom Heer, an der russischen Front, bald auch zum Bombardieren militärischer Anlagen eingesetzt. Von 1915 an kamen als wesentliche Aufgabe Bombardements auf den britischen Inseln hinzu, bei denen Marine und Heer mitunter zusammenwirkten.

Während des ganzen Krieges wurden bei 51 Angriffsfahrten gegen England insgesamt 197 Tonnen Bomben abgeworfen (ein kleiner Bruchteil dessen, was im Zweiten Weltkrieg bei einem *einzelnen* alliierten Luftangriff durchschnittlich auf *eine* deutsche Stadt fiel).

Die Zahl der Angriffsfahrten erreichte 1916 ihren Höhepunkt, um dann 1918 kaum noch ins Gewicht zu fallen. Mit der Verwendung der Luftschiffe als Bombenträger ging es also recht schnell zu Ende. Dies lag vor allem daran, dass die Riesenwürste sich als zunehmend verwundbar erwiesen hatten: gegenüber den verstärkt dislozierten Flugabwehrbatterien und den Jagdflugzeugen des Gegners, deren Maschinengewehre ab 1916 Brandmunition verschießen konnten.

Das deutsche Heer zog sich zu Beginn des Jahres 1917 aus der Luftschifffahrt gänzlich zurück, während die Marine dabei blieb, sich allerdings mehr und mehr auf die Aufklärung beschränkte. Die Hoffnung, mit als Bombern eingesetzten Luftschiffen den Gegner auf den britischen Inseln in seinem Durchhaltewillen zumindest ein wenig erschüttern zu können und damit zu seiner Schwächung auch an der Hauptfront in Frankreich beizutragen, hatte sich also nicht erfüllt.

Schlussbilanz: Im ersten Weltkrieg gingen über zwei Drittel der deutschen Starrluftschiffe verloren, davon jeweils etwa die Hälfte durch Feindeinwirkung und Unfälle.

Flugzeug

Vor dem großen Krieg, in der ersten Dekade ihrer Existenz, wurden die Flugapparate „schwerer als Luft" zwar deutlich verbessert, waren aber 1914 (mit Ausnahme der merkwürdigen russischen Entwicklung einer viermotorigen Maschine) immer noch relativ kleine, sehr fragile Gebilde aus Holz, Leinwand und Spanndraht – mit einem einzigen schwächlichen Antriebsaggregat. Sie erfüllten zwar bereits militärische Aufgaben, etwa solche der Aufklärung, standen aber kaum im Mittelpunkt des Interesses.

Doch dann nahm die Militärluftfahrt einen schier gewaltigen Aufschwung. Es kam zu rapiden Leistungszuwächsen der Maschinen, deren zunehmender Differenzierung und Spezialisierung sowie – in Großbritannien, Frankreich und Deutschland – zu einer veritablen Massenproduktion von Militärflugzeugen. Sodass gegen Ende des Weltkrieges sich Tausende von Maschinen über den Fronten tummelten. Mitte 1918 verfügte zum Beispiel allein das Deutsche Reich über 4 800 Militärflugzeuge. Die Staaten der Entente besaßen – zusammengenommen – ein Mehrfaches davon.

Bei den meisten Maschinen handelte es sich um Jagdflugzeuge, deren Aufgabe es war, die Lufthoheit ihrer Seite über dem Kriegstheater, oder auch nur bestimmten Operationsgebieten, zu behaupten oder zu erringen: als Voraussetzung des möglichst ungehinderten Agierens anderer Flugzeugklassen. Da waren die Aufklärer, die vor allem die Bewegungen feindlicher Reserven erkunden sollten. Und dann gab es die Schlachtflugzeuge, die bei großen Angriffsoperationen die eigenen Truppen, Infanterie oder auch Panzer, mit ihren Bordwaffen unmittelbar zu unterstützen hatten.

Neben diesem direkten Ansatz, dem Krieg wieder zur Bewegung zu verhelfen, gab es auch einen indirekten, der von Bombern verschiedener Kategorien realisiert werden sollte.

Da waren die leichten Bomber, die meist gegen militärische Ziele im unmittelbaren feindlichen Hinterland der Front eingesetzt wurden. Und da gab es die schweren beziehungsweise überschweren Maschinen, die durch Bombardements der gegnerischen Basis eine Schwächung erzielen sollten, von der am Ende auch Auswirkungen auf die unmittelbare Konfrontation erhofft wurde.

Vor allem das deutsche Militär hatte sich darauf kapriziert, die gegnerischen Heimatbasen anzugreifen. Und als sich die Krise des Einsatzes von Zeppelinen gegen England abzeichnete, wurde auf Bombenflugzeuge gesetzt, weil diese als überlebensfähiger galten.

Die Oberste Heeresleitung (OHL) hatte insgesamt etwa 400 Maschinen der zweimotorigen schweren Typen Gotha G.IV und V produzieren lassen, die allerdings nicht alle an die Front gelangten. Hinzu kamen 18 viermotorige „Riesenflugzeuge" des Typs R.VI.

Das Modell G.V hatte einen Aktionsradius von über 400 Kilometern, trug eine Bombenlast von bis zu einer Tonne und hatte eine Spannweite von 24 Metern (R.VI: 42 Meter!).

Ab Mai 1917 wurden mit Flugzeugen des Typs G.IV von Belgien aus Raids gegen London und die Südostküste Englands geflogen. Zunächst handelte es sich um Angriffe bei Tage, von meist etwas über 20 Maschinen durchgeführt. Ab September 1917 musste dann wegen der erstarkten Abwehr zu Nachtangriffen übergegangen werden. Im weiteren Verlauf wurden auch die leistungsstärkeren G.V und R.VI eingesetzt.

Die gesamte abgeworfene Bombenlast lag bei etwa 380 Tonnen. Das war zwar beinahe doppelt soviel, wie die Luftschiffe an den Feind gebracht hatten, aber weit, weit davon entfernt, die Briten in ihren Kriegsanstrengungen zu erschüttern. Der Aufwand sowohl für die Luftschiffe als auch für die Bomber war also letztlich für die Katz.

Ein besonders trauriger Vorfall soll in diesem Zusammenhang nicht verschwiegen werden: Am 17. Februar 1918 traf die 1000-Kilogramm-Bombe einer R.VI den Nordpavillon *(Kinderabteilung)* des Royal Hospital in Chelsea, London. Selbstverständlich geschah das nicht absichtlich, flog man doch schließlich bei Nacht.

Die Fernbomberei mit Gothas und „Riesen" fand im Frühjahr 1918 ihr Ende, als die deutsche Großoffensive in Frankreich auch durch die schweren Kampfflieger unterstützt werden sollte. Die OHL hatte sich zwar spät, aber immerhin doch noch entschlossen, alle verfügbaren Kräfte zu konzentrieren.

Hätte man jedoch mit dem Aufwand für die Bomber Jagd- und Schlachtflugzeuge gebaut, wäre der Ertrag für die angreifenden Truppen erheblich größer gewesen. Der Fronteinsatz der schweren Maschinen entpuppte sich nämlich als verlustreicher Fehlschlag.

Die Idee der Fernbomberei war freilich auch in Großbritannien auf fruchtbaren Boden gefallen. Die Bedrohung durch die deutschen Luftschiffe, denen die Briten zunächst nichts entgegenzusetzen hatten, motivierte zu der Entwicklung eines für die damalige Zeit recht eindrucksvollen Bombenflugzeuges – zwar kleiner als die „Riesen", aber doch deutlich größer und leistungsfähiger als die Gothas.

Es handelte sich um die *Handley Page 0/100* und deren Weiterentwicklung, die *0/400*, von denen bis zum Kriegsende insgesamt 800 Exemplare gebaut wurden.

Ab April 1918 gab es größere Operationen dieser Maschinen. Von Flugplätzen in Frankreich aus flogen jeweils bis zu 40 Bomber Nachtangriffe gegen Industriestädte an der Saar und im Rheinland. *Das Empire schlug zurück!*

Das U-Boot: Giftzahn des Schwachen

Schlüsselfragen

Diese kleine Studie stellt den U-Bootkrieg der Kaiserlichen Marine in einen historisch-strategischen Kontext. Im Ersten Weltkrieg war dies eine Form der Kriegführung, die im Verlauf des Geschehens zunehmend an Bedeutung gewann. Warum war das so?

Sah die Marineleitung für ihre starken Überwasserstreitkräfte keine Chance, durch offensive Operationen in der Nordsee die Seeblockade zu durchbrechen, welche die Royal Navy über das Deutsche Reich verhängt hatte? Mussten stattdessen die U-Boote ran, um den Feind durch eine Bedrohung seiner Versorgungslinien strategisch zu schwächen?

Um diese Fragen zu beantworten, ist ein Exkurs erforderlich, der sich der relativen Stärke der deutschen *Hochseeflotte* im Ersten Weltkrieg, ihrer geostrategischen Position und ihren Operationen widmet (siehe auch „Flottenrüstung als Symbol" in Kapitel 1).

Defizite deutscher maritimer Macht

Das von Alfred von Tirpitz geprägte Konzept der „Risikoflotte" sah vor, eine feindliche Seeblockade durch die offensive Auseinandersetzung mit der Hauptmacht des Gegners zu brechen oder durch die Androhung solcher Aktion von Blockademaßnahmen abzuschrecken. Dazu müsse das eigene Potential an Linien-/Großkampfschiffen nicht unbedingt dem der Royal Navy entsprechen, aber doch in der Lage sein, dem Gegner ernsthaften Schaden zuzufügen.

Die Entwicklung des Weltkrieges zeigt, dass die britische Blockade durch die deutsche Hochseeflotte nicht ernstlich zu tangieren war. Zwar mussten *zeitweilig* einige wenige schwere Einheiten der Royal Navy in andere Weltregionen entsandt werden, doch genoss die *Home Fleet* immer noch einen beachtlichen numerischen Vorteil – so beachtlich, dass die Admiralität in London es für unnötig hielt, sich für den Fall eines Zusammenstoßes mit der Hochseeflotte etwa der Unterstützung durch die französische Marine zu vergewissern (letzterer hatte man die Zuständigkeit für das Mittelmeer abgetreten).

Hinzu kam, dass die geostrategische Position der deutschen Flotte den britischen Analytikern allgemein als kläglich galt, was übrigens auch in kaiserlichen Marinekreisen so empfunden wurde (noch einmal: „Flottenrüstung als Symbol").

Was schließlich die Operationen der deutschen Hochseeflotte in der Nordsee anbelangt, war für die *Tirpitzianer* eher Enttäuschendes zu verzeichnen. In den ersten Jahren des Krieges erschien die Führung der deutschen Risikoflotte ziemlich risikoscheu.

Es kam nur zu zwei Zusammenstößen kleinerer Kontingente mit britischen Kräften: bei Helgoland (1914) und nahe der Doggerbank (1915). Beide Begegnungen gingen für die deutsche Seite nicht glücklich aus. Man verlor leichte Kreuzer, bei der Doggerbank sogar einen der ersten (noch kleineren) Schlachtkreuzer.

Die Wende zur Offensive à la Tirpitz kam 1916. Die Hochseeflotte ließ es auf eine Konfrontation mit der Home Fleet ankommen. In der Skagerrak-Schlacht trafen 21 deutsche Großkampfschiffe und Schlachtkreuzer auf 38 britische. Die Kaiserliche Marine reklamierte danach den Sieg, waren doch mehr britische Einheiten mit viel mehr Seeleuten gesunken als deutsche (was wohl an der höheren Qualität deutscher Technik lag).

Unterdrückt wurde freilich die Erkenntnis, dass die Hochseeflotte die Schlacht abbrechen, ihr Heil in der Flucht suchen musste und dass am Ende 26 britische Einheiten keinen Treffer abbekommen hatten – gegenüber nur sechs deutschen.

Nach dieser Erfahrung unterblieben weitere Großunternehmungen der Hochseeflotte. Damit verblieb das U-Boot als einziges glaubwürdiges Instrument der in Bezug auf ihren Beitrag zum Kriegserfolg so anspruchsvollen Marineführung: Der Giftzahn des Schwachen.

Vorgeschichte

Im 16. Jahrhundert hatten ein Niederländer, im 17. ein Engländer und zu Anfang des 19. ein Amerikaner versucht, ein tauchfähiges Boot zu bauen. Ein einigermaßen befriedigendes Ergebnis erzielte aber erst der Bayer *Wilhelm Bauer* (1822–1876) bald nach der Mitte des 19. Jahrhunderts. Allerdings geschah der Antrieb seines Gefährts noch durch Menschenkraft.

Die Geschichte des modernen Unterseebootes begann bei der französischen Marine. Sie wandte sich wegen der vielversprechenden Leistungen eines 1885 nach den Plänen des schwedischen Ingenieurs *Thorsten Nordenfelt* (1842–1920) gebauten U-Bootes mit großem Eifer der weiteren Entwicklung solcher Fahrzeuge zu, da sie darin eine äußerst wirksame Waffe im Rahmen ihrer Küstenverteidigung gegen die als Bedrohung wahrgenommene britische Flotte sah.

Über fast zwei Jahrhunderte hinweg war die französische Kriegsmarine der Royal Navy mehr oder weniger unterlegen gewesen. Und es war die Erinnerung daran noch nicht wirklich verblasst, dass während der Napoleonischen Kriege die britische Flotte die französische in ihren Häfen blockiert hatte. Für eine solche Eventualität schien nun offenbar ein wirksamer Blockadebrecher entwickelt worden zu sein.

Die Animositäten zwischen Frankreich und Großbritannien waren damals noch keineswegs überwunden, obwohl man doch im Krimkrieg (1853–1856) gemeinsam gegen Russland gekämpft hatte. Starke Interessengegensätze bestanden zum Beispiel im Hinblick auf die koloniale Aufteilung Afrikas.

In rascher Folge entstanden in Frankreich U-Boote verschiedenster Größe (zwischen 70 und 400 t Verdrängung) mit Dampfmaschinen oder Verbrennungsmotoren für die Überwasserfahrt sowie elektrischem Antrieb im Tauchzustand.

Bald erschien auch anderen Ländern das neue Seekriegsmittel attraktiv: nicht nur solchen, die sich als *maritime underdogs* sahen. So begann 1900 in den Vereinigten Staaten der industrielle Bau von Unterseebooten. Eine Pionierfunktion auf diesem Gebiet hatte dort die Privatwerft *Lake & Holland*. Schon 1902 kaufte Großbritannien amerikanische Holland-Boote, und in den folgenden Jahren investierten alle größeren Seemächte in die U-Bootrüstung.

Kaiserliche Marine: U-Bootrüstung und Kriegseinsatz

In der Kaiserlichen Marine wurde das erste Unterseeboot (U 1, 238 t) 1906 in Dienst gestellt. In den folgenden Jahren gab die Marineleitung weitere 16 Einheiten in Auftrag.

Einen großen Fortschritt brachte der Einbau von Dieselaggregaten ab 1910, mit denen die bis dahin verwendeten Petrolmotoren an Leistung und Zuverlässigkeit deutlich übertroffen werden konnten.

Das Flottengesetz von 1912 sah dann das Erreichen eines Gesamtbestandes von 72 Einheiten vor. Da man mit einer durchschnittlichen Lebensdauer der einzelnen Boote von zwölf Jahren rechnete, bedeutete dies, dass pro anno sechs Neubauten erforderlich waren.

Vor dem Ersten Weltkrieg hatten die neuen Boote eine Wasserverdrängung von 650 t erreicht. Der Fahrbereich lag bei ca. 5 000 Seemeilen. Die Höchstgeschwindigkeit über Wasser war auf 15 Knoten gebracht und das Torpedokaliber von 45 auf 50 Zentimeter gesteigert worden.

Die artilleristische Bestückung bestand von U 21 ab aus einem 88 mm-Geschütz. Die älteren Boote wurden später, mit Beginn des Unterseeboot-Handelskrieges, ebenfalls mit Geschützen versehen (jedenfalls soweit es deren Tragfähigkeit erlaubte).

Bis zum Beginn des Krieges waren in Deutschland 30 U-Boote fertiggestellt worden. Großbritannien verfügte über 77, Frankreich über 55, und die USA besaßen 38 Boote. Allerdings: Von den Booten der Royal Navy konnten nur 17 als hochseefähig angesehen werden, während von denen der Kaiserlichen Marine immerhin 24 dieser Kategorie zuzuordnen waren.

Der Erste Weltkrieg hat der Entwicklung des Unterseebootes gewaltigen Auftrieb gegeben. Typischerweise lag die Wasserverdrängung nun zwischen 800 und 1 100 t.

Hier einige Daten zu U 86, einem deutschen Standard-U-Boot der so genannten Mittel-Klasse, das durch die kriegsrechtswidrige Versenkung des Lazarettschiffes Llandovery Castle traurigen Ruhm errang:

Indienststellung	3. Nov. 1916
Verdrängung	808 t (über Wasser)
	946 t (unter Wasser)
Antrieb	Dieselmotoren: 2 400 PS
	E-Maschinen: 1 200 PS
Geschwindigkeit	16,8 Knoten (über Wasser)
	9,1 Knoten (unter Wasser)
Tauchtiefe	50 Meter (maximal)
Bewaffnung	4 × 50 cm-Bugtorpedorohre
	2 × 50 cm-Hecktorpedorohre
	Deckgeschütze: 1 × 88 mm
	und 1 × 105 mm
„Erfolge"	Versenkungen: 32 Handelsschiffe, 1 Lazarettschiff

Außer solchen Standard-U-Booten wurden auch Unterseebootskreuzer gebaut, die noch größer waren und eine noch höhere Ozeantauglichkeit aufwiesen. Zudem entwickelte das Deutsche Reich für Operationen von der flandrischen Küste aus besonders kleine Boote der Typen U. B. und U. C. Letztere waren auch zum Legen von Minen eingerichtet.

Die größeren Einheiten ließen sich für Unternehmungen von über einmonatiger Dauer verwenden. So etwa fuhr U 53 im Herbst 1916 von Helgoland nach den USA und zurück, ohne Ergänzung des Betriebsstoff- und Proviantvorrates. Das U-Boot war 41 Tage unterwegs und legte dabei eine Strecke von 7550 Seemeilen zurück.

Insgesamt wurden während des Krieges 1914–1918, weit über die ursprüngliche Planung hinaus, 371 deutsche U-Boote in Dienst gestellt; davon dienten 320 an der Front, wovon 178 (56 %) nicht zurückkehrten. Hauptsächlich gingen die deutschen U-Boote durch Abwehrmaßnahmen der Begleitschiffe von Konvois, nämlich Wasserbomben und Geschützfeuer, sowie in speziellen Sperren verloren.

Kontrast: Die Royal Navy kam in diesem Zeitraum, nach Auskunft ihres Registers, auf nur etwa 140 Indienststellungen. Etwas über ein Viertel der Boote kehrte nicht zurück.

Ergebnisse

Durch deutsche Unterseeboote wurden im Ersten Weltkrieg Handelsschiffe mit insgesamt etwa 12 Millionen Bruttoregistertonnen versenkt. Fast zwei Drittel davon waren britische Tonnage.

An Kriegsschiffen der Entente wurden vernichtet (dabei ist auch die Wirkung der von U-Booten gelegten Minen berücksichtigt):

11 Linienschiffe (älterer Bauart), 1 Flugzeugmutterschiff, 12 Panzerkreuzer (älterer Art), 3 kleine Kreuzer, 1 Monitor (schwerer Artillerieträger), 17 Zerstörer, 1 Torpedoboot, 8 U-Boote, 4 Minenleger, 3 Kanonenboote, 14 Minensucher und sonstige kleinere Fahrzeuge sowie 34 Hilfskreuzer.

Diese Zahlen mögen höchst eindrucksvoll erscheinen. Doch waren die Versenkungszahlen an Handelstonnage bekanntlich nicht hinreichend, die Kriegsanstrengungen der Entente, insbesondere die Großbritanniens, ernsthaft zu gefährden.

Die Versenkungen von Kriegsschiffen relativieren sich ganz erheblich, wenn zur Kenntnis genommen wird, dass die Royal Navy und die französische Marine bei Kriegsausbruch zusammen über 51 Linienschiffe und 53 Panzerkreuzer älterer Art verfügten – oder etwa auch über 81 kleine Kreuzer.

Deutschland, das – wie gezeigt – keine strategische Handlungsoption für seine Hochseeflotte hatte, mit dieser nicht „das Schicksal wenden konnte", setzte mit zunehmender Kriegsdauer auf seine U-Bootwaffe.

Nur die U-Boote vermochten in größerer Anzahl durch die Maschen des Blockadenetzes zu schlüpfen, um Handelskrieg gegen die Versorgungslinien der Entente, vor allem die Britanniens, zu führen.

Doch am Ende siegte, wer die offene See raumdeckend kontrollieren konnte, wer dabei – und dadurch – auch ökonomisch den längeren Atem behielt (dazu Herbert Rosinsky: The Development of Naval Thought, Newport, Rhode Island, 1977, Chapter „The Command of the Sea").

Ein äußerst wichtiger Beitrag hierzu war der Kriegsbeitritt der USA im Jahre 1917, nicht zuletzt ausgelöst durch die Verschärfung des U-Bootkrieges durch Deutschland.

U-Bootkrieg als Verhängnis

Die Form, in der der Unterseebootshandelskrieg bes. mit Rücksicht auf die Ver.St.v.A. und die Neutralen aus polit. Gründen ... geführt wurde, hat seine Wirkung so stark abgeschwächt, daß der Feind damit nicht niederzuringen war. Nur die schärfste Blockade der Küsten Englands, Frankreichs, Rußlands ... und des Sueskanals, in der alle dem Kriegszweck dienenden Mittel voll ausgenützt worden wären, hätte ... zum Erfolg geführt.

In dieser Textpassage finden wir in verschleierter Form eine Variante der Dolchstoßlegende und ein Beschwören des totalen Krieges. Der Tenor: Die Marine, und nur sie, besaß das Wundermittel für eine siegreiche Kriegsbeendigung. Die „Politik" ließ sie aber nicht. Dieses beklemmende Stück Marine-Ideologie findet sich im 15. Band des Großen Brockhaus (Leipzig 1934), Stichwort Unterseebootskrieg.

Den Hintergrund dieser Äußerung bietet die völkerrechtliche und außenpolitische Entwicklung nach dem gescheiterten Versuch, mit der Londoner Seekriegsrechtserklärung von 1909 auch eine Prisenordnung allgemeinverbindlich zu machen.

Es war bei dem Versuch geblieben, weil die britische Regierung ihre Flotte nicht zu sehr an Regeln binden wollte und die Erklärung nicht ratifizierte. So gab es denn bei etlichen Seemächten nationale Prisenordnungen. (Die damals üblichen Ordnungen erlaubten zwar das Aufbringen von Handelsschiffen mit Ladungen für den Kriegsgegner, verboten aber – außer in klar definierten Ausnahmefällen – deren Versenkung. Auch neutrale Schiffe konnten gestoppt und ihre Ladung durfte konfisziert werden, wenn sie für den Gegner bestimmt war.)

Zum besonderen Schutz der Neutralen, deren Anwalt bis zu ihrem Kriegseintritt die USA war, wurden Sonderregelungen getroffen: zum Beispiel Seegebiete festgelegt, in denen sich die Schiffe der nicht-kriegführenden Staaten unbehelligt bewegen konnten.

Von Anfang an betrieben die Vereinigten Staaten eine Politik, die den Spielraum des U-Boot-Handelskrieges, und damit vor allem den der deutschen Marine, möglichst stark einschränken sollte. Diese hingegen hatte ein wachsendes Interesse daran, den Handlungsspielraum ihrer U-Bootwaffe zu erweitern: mit der Perspektive unangekündigter Versenkungen.

Festzuhalten bleibt freilich, dass die deutsche Seite in den ersten beiden Jahren des Ersten Weltkrieges durchaus kompromissbereit war. Zu groß erschienen die außenpolitischen Risiken eines „uneingeschränkten" U-Bootkrieges.

Die USA hingegen verschärften ihre Haltung mehr und mehr, wozu vor allem auch beitrug, dass bei Versenkungen von Handelsschiffen der Entente mehrfach amerikanische Staatsbürger ums Leben gekommen waren (7. Mai 1915, Torpedierung des britischen Passagierdampfers „Lusitania" mit 128 US-Bürgern unter den Opfern).

Doch als, wie gezeigt, der U-Bootkrieg als Mittel, das verhasste England niederzuwerfen, alternativlos erschien, brach der Damm der Selbstbeschränkung. Bereits im Winter 1915/1916 wurde in der deutschen Marineführung der Übergang zum uneingeschränkten U-Bootkrieg ernsthaft erwogen, doch konnte man sich zunächst nur zu begrenzten Schritten der Verschärfung durchringen.

Das Argument für die relative Verschärfung hob vor allem auf eine problematische Praxis der Royal Navy ab: Die hatte nämlich mehr und mehr Handelsschiffe mit Geschützen bewaffnet und sie dadurch zu nicht besonders schutzwürdigen Kombattanten gemacht.

Die eigentliche – nahezu reine – Version des uneingeschränkten U-Bootkrieges, die freilich immer noch einige Schutzvorkehrungen für die neutrale Schifffahrt vorsah, kam schließlich ab dem 1. Februar 1917.

Große Erwartungen – doch die wurden eher enttäuscht. Die Erklärung der Marine? Dadurch, dass man so lange gefackelt habe, hätte die Royal Navy in gebührendem Maße Gegenmaßnahmen entwickeln können.

Am 3. Februar 1917 brachen die Vereinigten Staaten die diplomatischen Beziehungen zum Deutschen Reich ab, und am 6. April erklärten sie den Krieg. Zur Entente stieß die damals bereits größte Industriemacht der Welt, mit fast 100 Millionen Einwohnern und einem Marinebudget, welches das deutsche bereits klar übertroffen hatte.

Mag sein, dass die politische Elite der USA ohnehin eine Beteiligung am Krieg gegen Deutschland anstrebte. Der uneingeschränkte U-Bootkrieg ist der hoch willkommene Anlass gewesen.

Kapitel 5
Materialschlacht:
Wirkung auf Seele und Geist

In diesem thematischen Komplex geht es um zweierlei: zum einen um die Wirkung des Kampfes auf die Seele des einzelnen Soldaten und zum anderen die Widerspiegelung des Geschehens in Werken exemplarisch ausgewählter Schriftsteller: von Autoren, die selbst am Krieg teilgenommen haben.

Dabei wird vor allem auf die für den Ersten Weltkrieg prototypische Starrheit der Fronten Bezug genommen: auf das Existieren oder Vegetieren angesichts der immensen Feuerkraft der das Gefechtsfeld beherrschenden Waffen.

Der erste Beitrag widmet sich den seelischen Leiden der Opfer, den beinahe epidemisch zunehmenden Kriegsneurosen der Frontsoldaten, sowie der oft zynischen, menschenverachtenden Reaktion der Militärmedizin. Dabei werden Ärzte vorgeführt, welche – ihren hippokratischen Eid gröblich missachtend – die ihnen anvertrauten Soldaten im Sinne der Kriegsherren abzurichten trachteten. (Wesentliche Informationen und Anregungen verdankt dieser Beitrag *Arno Müller*, Frankfurt am Main.)

In den beiden weiteren Essays finden sich mehr oder weniger kritische Einschätzungen literarischer Arbeiten von Autoren, die im Hinblick auf den Ersten Weltkrieg als besonders wichtig und bekannt gelten dürften. Es geht um Schriftsteller, die in der Verarbeitung des Geschehens als Antipoden zu sehen sind:

Auf der einen Seite Ernst Jünger, der Sänger des apokalyptischen Krieges, der Prediger männlicher Bewährung im ewigen Getümmel der Gewalt. Auf der anderen Seite Erich Maria Remarque, den das große Gemetzel zum Pazifisten gemacht hatte und der seine literarische Existenz dem Kampf gegen den Krieg widmete.

Beide Autoren werden mit ihrem persönlichen Hintergrund präsentiert, ihre hier behandelten Werke auf den Wirkungszusammenhang abgeklopft.

Dabei erscheint es in Zeiten relativer Friedfertigkeit auf unserem Subkontinent unumgänglich, einen der beiden, nämlich Ernst Jünger, eher sarkastisch als mit freundlicher Distanz zu würdigen.

Das große Zittern

Ein neues Phänomen

Mit zunehmender Technisierung der Kriegführung im 20. Jahrhundert und der damit verbundenen Tendenz zur Massenvernichtung wuchs auch die seelische Belastung der kämpfenden Soldaten, die in mannigfaltigen neurotischen Störungen ihren Ausdruck fand.

Zum ersten Mal waren die Militärärzte während des Weltkrieges mit der epidemischen Verbreitung von Neurosen konfrontiert. Im Inferno der Materialschlachten brachen viele Soldaten zusammen und entwickelten eine bunte Vielfalt von Krankheitssymptomen, die weder auf physische Verletzungen noch auf körperliche Erkrankungen zurückgeführt werden konnten, sondern einzig und allein auf den psychischen Druck, den die Bedingungen des Kampfes ausübten.

Kriegsbild

Die weiträumigen, durch starke Truppenbewegungen gekennzeichneten Operationen zu Beginn der Auseinandersetzungen wurden im weiteren Verlauf des Geschehens vor allem an der Westfront und in Italien sowie – mit längeren Unterbrechungen oder etwas weniger ausgeprägt – auch im Osten durch den Stellungskrieg abgelöst. Auf beiden Seiten gruben sich die Armeen in die Erde ein, errichteten zunehmend gestaffelte Systeme von Unterständen und Schützengräben, gesichert durch Stacheldrahtverhaue und Maschinengewehrnester.

In großen Offensiven mit gewaltigem Einsatz von Menschen und Material versuchten die kriegführenden Mächte, die Positionen ihres jeweiligen Gegners zu überrennen. Trotz riesiger Verluste gelang es jahrelang keiner Seite, einen kriegsentscheidenden Erfolg zu erringen.

Größere Einbrüche in die feindlichen Linien konnten nach der zu Beginn des Krieges herrschenden Lehre, die Truppen der Entente blieben ihr noch lange verpflichtet, nur mit Materialüberlegenheit, das heißt vor allem durch großangelegten Einsatz von Artillerie aller verfügbarer Kaliber erzielt werden.

Dieser Lehre gemäß war es die Aufgabe der Artillerie, ein tagelanges, fast ununterbrochenes Trommelfeuer auf breiter Front zu erzeugen, um zumindest die vorderen gegnerischen Stellungen für die angreifende Infanterie sturmreif zu schießen. Erst später wurde die Artillerie so organisiert, dass sie hohe Feuerkonzentrationen gegen bestimmte Schwachstellen der gegnerischen Verteidigung generieren konnte, um Durchbrüche in die Tiefe zu ermöglichen.

Technisch möglich war das dichte Dauerfeuer, aber auch der intensive Feuerschlag, durch die Erfindung des hydraulischen Rohrrücklaufes (Beitrag „Waffen der Verteidigung" in Kapitel 3), der die Kadenz der Geschütze um ein Vielfaches erhöhte, ohne dabei die Zielgenauigkeit zu beeinträchtigen.

Beides, die lange Phase des pausenlosen Trommelfeuers, aber auch die orkanartige Konzentration des Artillerie-Schießens, stellte für die Soldaten eine besondere seelische Belastung dar, da sie dem Geschehen hilflos ausgesetzt waren, ihnen nichts anderes übrig blieb, als es passiv über sich ergehen zu lassen.

Irritierende Symptome

Kein Wunder, dass unter einem solch massiven psychischen Druck viele Soldaten zusammenbrachen und in den Armeen sich neurotische Störungen epidemisch verbreiteten! Gedächtnisverlust vor allem nach Explosionen in nächster Nähe, Dämmerzustände, Phasen geistiger Verwirrung, Lähmungen, Blindheit oder Taubheit, extreme Unempfindlichkeit gegen Schmerzen, Angstträume, in denen die Situation der Schlacht reproduziert wurde, waren einige der Symptome, die immer wieder beobachtet wurden.

Als typisch für das Bild der Neurosen im Ersten Weltkrieg gilt freilich ein unkontrolliertes Zittern der Extremitäten, des Kopfes oder des ganzen Körpers, das vielfach unmittelbar nach dem nahen Einschlag einer oder mehrerer Granaten auftrat.

Häufig waren damit noch andere Symptome verbunden: wie etwa Beschleunigung und Unregelmäßigkeit des Pulses, Angstzustände, Erregbarkeit und die Unfähigkeit, sich zu konzentrieren.

Die enge Verknüpfung dieses Krankheitsbildes mit Granatexplosionen führte dazu, dass man es als „Granatschock" *(shell shock)* bezeichnete. Was die Symptome betraf, war seine Ähnlichkeit mit hysterischen Reaktionen unverkennbar, mit denen die Ärzte schon seit etwa Mitte des 19. Jahrhunderts im Zivilleben ausgiebige Erfahrungen gesammelt hatten.

Schulenstreit unter Psychiatern

Sowohl über die Ursachen solch „ziviler" Hysterie als auch insbesondere der Kriegsneurosen herrschte unter den Psychiatern beträchtliche Uneinigkeit. Waren das Zittern und die anderen Symptome nur das Ergebnis winziger, nicht direkt beobachtbarer Verletzungen des Nervensystems, auf mechanische Weise durch eine Explosion verursacht? Oder waren die im Lazarett Liegenden nichts anderes als Simulanten, die es darauf anlegten, sich vor der Front zu drücken?

Die Beantwortung dieser Fragen war nicht nur von theoretischem Interesse, sondern hatte auch eine erhebliche praktische Bedeutung, denn davon hing es ab, wie die Patienten behandelt werden sollten.

Die Psychiater stützten sich auf die unterschiedlichsten Hypothesen. Diese zueinander im Widerspruch stehenden Deutungsversuche waren ursprünglich im Zusammenhang neurotischer Störungen entwickelt worden, die als Reaktion auf Unfallschocks auftraten.

Stimuliert hatte das Interesse der Wissenschaftler eine Reihe von Gerichtsverfahren, in denen während der zweiten Hälfte des 19. Jahrhunderts britische Eisenbahngesellschaften für die Auswirkungen von Unfällen haftbar gemacht wurden. Die oft unangenehmen Spätfolgen eines überstandenen Schocks, die in mancher Hinsicht den Symptomen der späteren Kriegsneurosen glichen, schrieb man zunächst einer Erschütterung des Rückenmarks zu: eine These, die jedoch bald mit allerlei Gründen angefochten wurde.

Vor diesem Hintergrund bildeten sich in Deutschland drei Schulen, die – selbstverständlich – miteinander im Streit lagen, wobei die eine hysterische Symptome nach Unfällen auf organische Schäden zurückführte, eine andere ihren genuin psychischen Ursprung betonte, während die dritte das Phänomen des Simulierens hervorhob.

Hermann Oppenheim (1858–1919), der Hauptvertreter der organischen Richtung, behauptete 1888 im Resümee einer seiner Untersuchungen, dass die wesentlichen Krankheitserscheinungen auf eine zerebrale Grundlage deuteten.

Gänzlich anderer Meinung war der Psychiater *Paul Julius Möbius* (1853–1907), der die nach Unfällen auftretenden, seltsamen Krankheitssymptome als Zeichen einer schockbedingten Neurose ohne zugrunde liegende körperliche Schädigung auffasste.

Für die Denkrichtung *Adolph Seeligmüllers* (1837–1913) schließlich galten solche Erscheinungen als Ergebnis einer absichtlich eingesetzten Simulation, um möglichst in den Genuss einer Rente oder anderer Vergünstigungen zu gelangen. Letztere Auffassung stützte sich auf die Ausführungen *Johannes Riglers* (1839–1896) aus dem Jahre 1870:

> „Während in der forensischen wie auch in der militärärztlichen Praxis Simulation der verschiedensten Krankheitszustände relativ häufig vorkommt und daher die in derartigen Tätigkeiten stehenden Ärzte daran gewöhnt sind, in entsprechenden Fällen Misstrauen in die Mitteilungen angeblicher Krankheit zu setzen, wird der praktische Arzt umso leichter ... getäuscht werden können" (zitiert nach Kurt R. Eisler, Freud und Wagner-Jauregg, Wien 1979).

Scharf kritisierte Möbius die Simulantenjagd Seeligmüllers und seiner Schule und hielt ihm vor, „dass er durch seinen übergroßen Eifer zu einer objektiv inhumanen Behandlung mancher Kranker geführt" worden sei.

Eine solch humanitäre Kritik verfehlte ihre Wirkung nicht, und die These, dass Unfallneurotiker Simulanten seien, trat in den Hintergrund. Die Argumente von Oppenheim und Möbius wurden weitgehend akzeptiert. Die Begutachtung von Unfallfolgen handhabe man folglich relativ großzügig.

Kriegslehre

Doch im Ersten Weltkrieg, unter dem Eindruck der dramatischen Zunahme von Kriegsneurosen, schwenkte die deutsche Psychiatrie um. Hätte man alle Kriegsneurotiker aus der Armee entlassen, wäre – so wurde befürchtet – das Kampfpotential erheblich geschwächt worden.

Von einer Minderheit wurde allerdings auch gefragt, ob die Situation wirklich so alarmierend war.

Der Psychiater *Max Nonne* (1861–1951) behauptete 1916, dass niemand die Häufigkeit dieser Erkrankungen auch nur einigermaßen genau abzuschätzen vermöchte. Sein Kollege *Fritz Mohr* (1874–1957) traute sich zumindest eine grobe Einschätzung zu. Er fand, dass die Zahl der Neurosen am Anfang des Krieges zwar größer war als in Friedenszeiten – aber doch nicht erheblich. Als aber im weiteren Verlauf des Geschehens die großen Durchbruchversuche mit ihrem starken Artilleriefeuer unternommen worden wären, hätte die Zahl der Neurosen beträchtlich zugenommen.

Wie immer auch das quantitative Kalkül aussah, sicher ist, dass man von den Lehren Oppenheims und Möbius', mit ihrer Betonung des Krankheitscharakters von Neurosen, weitgehend abrückte.

Oppenheims Ansatz wurde 1916 auf einer Tagung deutscher Neurologen und Psychiater abgelehnt. Zunehmend verbreitete sich die Tendenz, den Kriegsneurotikern die Verantwortung für ihr Leiden zuzuschieben und sie in die Nähe von Simulanten zu rücken.

Vorbereitet hatte diese Trendwende die Auffassung des Psychiaters *Karl Bonhoeffer* (1868–1948), der bereits 1911 als Basis der Hysterie einen Willen zur Krankheit behauptete: ein passender Baustein für die opportunistische „Theorie" der Kriegsneurosen.

Psychoanalytische Positionen

Die Psychoanalyse *Sigmund Freuds* (1856–1939), die sich zu dieser Zeit entwickelte, war relativ wenig mit Kriegsneurosen befasst. Freud äußerte sich dazu nur am Rande und nahm dabei Bezug auf Arbeiten einiger seiner Schüler.

In Übereinstimmung mit dem Grundprinzip der Psychoanalyse, wonach jeder Neurose ein nicht wirklich verarbeiteter Konflikt zugrunde liegt, hatten diese Autoren angenommen, dass im Krieg ein neues Ich aufgebaut wird, welches gegenüber dem alten Friedens-Ich in den Vordergrund tritt.

Dieses fühlt sich durch die Aktivitäten des „Doppelgängers" in seiner Existenz in Frage gestellt und sucht sich durch die Flucht in die Neurose sowohl der Lebensgefahr, die von außen droht, zu entziehen als auch dem neuen – soldatischen – Ich, das es als Gefährdung des so mühsam gehaltenen Triebgleichgewichts auffasst.

Freud hatte aber auch noch einen einfacheren Zugang zu dem interessierenden Phänomen. In seiner Schrift „Massenpsychologie und Ich-Analyse" führte er die Kriegsneurose auf ein gestörtes Verhältnis des einzelnen Soldaten zur Armee zurück und erklärte sie „großenteils als Protest des einzelnen gegen die ihm in der Armee zugemutete Rolle" und vor allem auch als Ergebnis der „lieblose(n) Behandlung des gemeinen Mannes durch seine Vorgesetzten" (Sigmund Freud: Gesammelte Werke, Bd. XIII, London 1955).

Im Übrigen wurden psychoanalytische Behandlungen von Kriegsneurotikern durchgeführt. So berichtete Freud, dass in Deutschland noch vor Kriegsende eine Reihe besonders schwieriger Fälle, bei denen alle anderen Mittel versagt hatten, mit Hilfe der Psychoanalyse erfolgreich behandelt werden konnten. Das österreichische Oberkommando hätte Interesse daran gezeigt und einen Generalstabsarzt zu einem psychoanalytischen Kongress nach Budapest entsandt, auf dem über die deutschen Erfahrungen berichtet wurde.

Solche Versuche, die gewöhnlich viele „Sitzungen" – also Zeit – benötigten, blieben freilich auf eine kleine Anzahl von Fällen beschränkt. Das Hauptinteresse der Militärärzte bestand nämlich darin, die Kriegsneurotiker möglichst schnell wieder einsatzfähig zu machen und an die Front zu schicken. Dies hat Freud drastisch beschrieben:

> „Aber ebenso ist es richtig, dass wir ein Volksheer hatten, dass der Mann zum Kriegsdienst gezwungen war, dass er nicht gefragt wurde, ob er gerne in den Krieg geht, und man musste darauf gefasst sein, dass die Leute flüchten wollten, und den Ärzten ist etwas wie die Rolle des Maschinengewehrs hinter der Front zugefallen, die Rolle, die Flüchtigen zurückzutreiben" (Psyche XII, 1972).

Kaum Prophylaxe – grausamste Therapie

Nur selten machte man sich Gedanken zur Prophylaxe, darüber nämlich, wie die unerwünschten neurotischen Reaktionen von vornherein zu verhindern seien. So empfahl beispielsweise der Psychiater *Robert Sommer* (1864–1937) eine Art geistig-moralische Aufrüstung:

> „Die geistigen Interessen bilden neben der Vaterlandsliebe, dem Pflichtgefühl und der Kameradschaftlichkeit eines der besten Mittel gegen zu stark niederschlagende Wirkungen der Eindrücke des Krieges" (zitiert nach Bastian Schmid: Deutsche Naturwissenschaft, Technik und Erfindung im Weltkriege, München – Leipzig 1919).

Eher aber konzentrierte man sich auf die Therapie. Nicht allenfalls langfristig wirksame Vorbeugung war gefragt, sondern rasche, effektive Abhilfe. Zu diesem Zweck wurde vor allem die *Faradisation* angewandt, die Behandlung mit zum Teil außerordentlich starken elektrischen Strömen.

Neu war diese Methode nicht: Möbius hatte bereits 1890 alle Foltermittel bei der Behandlung von Unfallneurotikern, worunter er den „Faradischen Pinsel", nämlich das Instrument für die Elektro-Behandlung, aber auch Beleidigungen des Patienten durch ärztliche Appelle verstand, mit allem Nachdruck verworfen.

Anklage

Das Schlagwort von der „elektrischen Folter" tauchte unmittelbar nach dem Krieg in der österreichischen Presse auf. Am 11. Dezember 1918 und am 28. Februar 1919 erschienen in der sozialistischen Wochenzeitung „Der freie Soldat" zwei Artikel, in denen die Ärzteschaft unfassbarer Grausamkeit gegenüber neurotischen Soldaten angeklagt wurde.

Insbesondere richtete das Blatt scharfe Angriffe gegen den bekannten Psychiater *Julius Wagner-Jauregg* (1857–1940), der einen Soldaten einer äußerst brutalen „Sonderbehandlung" habe aussetzen lassen, und verlangte energische Maßnahmen gegen ihn sowie gleichgesinnte Kollegen. Im Artikel vom 28. Februar 1919 heißt es:

„In einer besonders traurigen Lage waren jene Bedauernswerten, die ‚nur' ein Nervenleiden hatten. Denen klebte von vornherein der Makel des Simulantentums an, und unter vielen sogenannten Ärzten war nur das Bestreben vorhanden, sie zu ‚entlarven', nicht etwa ihre Leiden festzustellen und zu heilen. Eines dieser Mittel, die angewendet wurden, war die ... Behandlung mit Starkstrom, von der alle, die mit ihr beglückt wurden, sagen, daß die Schmerzen, die sie hervorruft, mit Worten nicht zu schildern sind. Es liegt der Verdacht nahe, daß diese Ströme überhaupt nicht zu Heilzwecken, sondern lediglich zu Folterzwecken angewendet wurden.

Insbesondere wurde diese elektrische Heilmethode auf der Klinik Wagner-Jauregg angewendet. Es ist uns eine Schilderung zugegangen, aus welcher – ihre Richtigkeit vorausgesetzt – hervorgeht, daß einfach versucht wurde, mit Hilfe von Qualen das Aufgeben der angeblichen Simulation zu erpressen. Unser Gewährsmann, ein Offizier, der im Felde durch eine in seiner Nähe explodierende Granate eine Gehirnerschütterung erlitten hatte, beschreibt uns auch die anderen freundlichen Mittel, die man ihm gegenüber angewendet hat.

Monatelang wurde er, an dessen geistiger Gesundheit nicht gezweifelt werden kann, in einer Einzelzelle eingesperrt gehalten. In den Nachbarzellen waren Irrsinnige, die ihn durch ihr unausgesetztes Gebrüll am Schlafe hinderten; von Ausgang war keine Rede, sogar am freien Verkehr mit der Mutter wurde er gehindert.

Ganz nach der Art mittelalterlicher Folterknechte drohte ihm der Assistent Professor Wagners die Faradisation an, ließ ihn zuschauen, wie sich die unglücklichen Opfer bei der elektrischen Starkstrombehandlung brüllend vor Schmerzen in Qualen wanden, und ihn schließlich selbst dieser Marter unterwerfen. All dies nur, damit dem Militarismus nicht vielleicht doch ein Opfer entgehe.

... Wir verlangen die sofortige gründliche Untersuchung der Angelegenheit unter Zuziehung von Organen des Soldatenrates."

Untersuchung

Nachdem am 27. März 1919 in einer Fortsetzung des Artikels Auszüge aus dem Tagebuch eines Patienten zitiert worden waren und dieser seine Aufzeichnungen dem Staatsamt für Heereswesen vorgelegt hatte, welches sie darauf der „Kommission zur Erhebung militärischer Pflichtverletzung" übergab, wurde eine Untersuchung der Vorwürfe eingeleitet, die mit der Entlastung Wagner-Jaureggs endete.

Als Sachverständiger trat Freud auf, der Wagner-Jauregg in seiner Aussage vom Verdacht der Pflichtverletzung reinigte und die Beschuldigung zurückwies, der Psychiater habe seine Patienten absichtlich gequält.

Wagner-Jauregg war kein Ausbund an Sadismus, sondern ein konservativer Psychiater, der sich lediglich derjeniger Methoden bediente, die zu seiner Zeit wissenschaftlich anerkannt waren. Dabei vermied er es sogar, wie der Vorsitzende der Kommission betonte, bei der Behandlung so brutal vorzugehen, wie es in der deutschen Armee oft der Fall war. Dort versuchten Psychiater, mit sehr starken Stromstößen eine „Heilung" bereits nach einer einzigen Sitzung zu erreichen.

Es ist nicht verwunderlich, dass zahlreiche Soldaten, denen eine solche Behandlung drohte, keinen anderen Ausweg sahen, als sich das Leben zu nehmen. Verständlich auch, dass manche Opfer der Elektroschocks ihre Symptome aufgaben und das Feuer der feindlichen Geschütze den therapeutischen Künsten der Helfer der Menschheit vorzogen.

Dazu passt eine Äußerung Freuds, dass die Kriegsneurotiker ihre Symptome unterdrückten, weil ihnen die Militärärzte das Kranksein noch schlimmer erscheinen ließen, als der Fronteinsatz empfunden wurde.

Sigmund Freud hatte zwar nach dem Prinzip „eine Krähe hackt der andern kein Auge aus" den Kollegen Wagner-Jauregg gedeckt, doch teilte er dessen Auffassung nicht. Wohl nahm er an, dass die Kriegsneurotiker in die Krankheit flüchteten und von dem Wunsch beherrscht wurden, krank zu bleiben, um sich den Gefahren der Front zu entziehen. Doch meinte er damit keine bewusste Täuschung im Sinne der zeitgenössischen Psychiatrie, sondern einen unbewussten Vorgang, über dessen Bedeutung sich die Opfer selbst nicht im Klaren waren.

Anderer Krieg – andere Symptome

Als der Erste Weltkrieg zu Ende war, verschwand auch das große Zittern. Im Zweiten Weltkrieg sollten sich die Erscheinungsbilder der durch den Kampfstress bedingten Erkrankungen verschieben: Es herrschten nun eher psychosomatische Symptome vor, wie etwa Magen-, Darm- und Herzerkrankungen. Bedingt war diese Veränderung der Symptomatik durch die unterschiedliche Form der Kriegführung, die nicht mehr so sehr geprägt erschien von Systemen stationärer Stellungen, sondern eher von großangelegten, beweglichen Operationen, die sich oft über relativ weite Entfernungen erstreckten. Infolgedessen war der Krieg tendenziell durch dynamische Aktion gekennzeichnet, erhielt eine andere *Gefühlsqualität*.

Wie Jünger den Krieg retten wollte

Reputation

Neben *Hannah Arendt* (1906–1975) gilt *Ernst Jünger* (1895–1998) als bedeutender Hannoveraner. Er wurde zwar nicht in Hannover geboren, sondern in Heidelberg, wuchs aber in Hannover oder zumindest doch in dessen weiterer Umgebung auf, und auch die Infanterie-Regimenter, denen er im Ersten Weltkrieg sowie kurz danach diente (Nr. 73, Nr. 16) waren hannöversche.

Lexika bezeichnen ihn als „Schriftsteller", der junge *Paul Joseph Goebbels* (1897–1945) hielt ihn sogar für einen Dichter, meinte dann aber später, er selbst könne besser schreiben. Weitere Charakteristika Jüngers: „Philosoph, Offizier und Insektenkundler".

Adolf Hitler schrieb ihm Fan-Post, um ihn zu vereinnahmen: als einen vermeintlich Gleichgesinnten, dessen Popularität in der antidemokratischen Jugend des Mittelstandes er nutzen wollte. In der Tat darf Jünger in einem allerdings sehr weiten Sinne als einer der intellektuellen Wegbereiter des Nationalsozialismus gelten: mit seiner Verherrlichung des Krieges, dem Ruf nach einer reinigenden nationalen Revolution und der Verachtung demokratischer Institutionen.

Doch war er viel zu elitär, um die plebejischen Nazis zu mögen. Schon vor deren Machtergreifung begann er die Nase über sie zu rümpfen. Er verachtete die Braunen aber auch dafür, dass sie das Recht mit Füßen traten. Minimalstandards der Geltung des Rechts in Frieden *und* Krieg schienen ihm für menschliches Zusammenleben unabdingbar.

Früh schon sah er die Verrohung und Entmenschlichung voraus, die das neue Regime mit sich bringen würde. Als sein verehrter Vater bereits 1932 der NSDAP beitrat, war er denn auch alles andere als begeistert.

Er schrieb Romane und Essays, die – esoterisch, symbolisch, vielfach verschlüsselt – manchen Leserinnen und Lesern zu sagen schienen, dass er mit den

Nazis nicht mehr viel am Hut hatte. Jedenfalls meinte man, aus seinen Texten entsprechende Botschaften herauslesen zu können.

Es geschah wohl in *diesem* Kontext, dass Bundeskanzler Kohl sich symbolisch und beinahe körperlich (autsch!) an ihn ranschmiss. (Ernst Jünger ließ es huldvoll sowie ein bisschen gelangweilt über sich ergehen.)

Bei vorsichtigem Vorbehalt lassen sich einige der Werke Jüngers aus der Zeit des Dritten Reiches, *hoch*geistig und *tief*sinnig zugleich, durchaus als Zeugnisse inneren Widerstandes werten. Und so etwas hatten gar manche Konservative gern: Die Faust, nur für Eingeweihte erkennbar, in der Tasche ballen, dann aber doch nicht handeln. Sauber bleiben – nach dem Motto, das ein großer polnischer Spötter selbstgefälligen Puristen unterstellt hat: *Mein Gewissen ist rein. Ich habe es nie benutzt.*

„Stahlgewitter" im Kontext

Fragen wir uns nun aber, wie das alles anfing! Wie etablierte sich Ernst Jünger in der Zeit der Weimarer Republik als Titan, neudeutsch: *Ikone,* der geistig Rechten?

Es begann mit einer Erzählung. Jünger hatte sie 1920 im Selbstverlag herausgebracht, und zwar unter dem Titel „In Stahlgewittern. Aus dem Tagebuch eines Stoßtruppführers". Diese Erzählung umfasst in der Standard-Ausgabe seiner „Sämtlichen Werke" 290 Seiten und ist eine Art Hymnus, der – mit Einsprengseln sachlicher Beschreibung und luziden Einsichten in die Dynamik des Geschehens – den Krieg feiert: als „blutiges Fest" und als Purgatorium, aus dem wahres Mannestum überhaupt erst entstehen könne.

Dieses Werk machte ihn mit einem Schlage berühmt. Sein begeistertes Männerpublikum: Jene – oft entwurzelten – Heimkehrer, die seltsamerweise im Krieg nicht zu Pazifisten geworden waren, sowie jene, wohl zahlreicheren Leser aus dem antidemokratischen Lager, die aus irgendwelchen Gründen am großen Gemetzel nicht teilnehmen durften, es vorgeblich aber gerne getan hätten.

Jünger suchte den Erfolg zu nutzen und schob in den kommenden fünf Jahren noch vier weitere Arbeiten desselben Genres nach. Die waren allerdings in genereller Tendenz weniger plastisch, aber pathetischer, schwülstiger und auf eine prätentiöse Weise tiefsinniger. Wir dürfen diese Texte vernachlässigen und werfen stattdessen einen frischen Blick auf die Urschrift.

Diese lässt sich freilich besser verstehen, wenn ein späterer kleiner Essay mit dem klassischen Titel „Feuer und Bewegung" zu Hilfe genommen wird, der sich weniger literarisch und eher militärtheoretisch gibt. Es erscheint nämlich durchaus angemessen, sich Jünger – auch – auf dieser Ebene zu nähern. In seinem

Selbstverständnis war dieser immer auch eine Art Kombination aus „Kriegsphilosoph" und Kriegshandwerker.

In den „Stahlgewittern" spiegelt sich die Tatsache wieder, dass der Krieg auf dem Höhepunkt des gewaltigen Schlachtfestes bankrott gegangen war. Spätestens mit dem Scheitern der *Nivelle*-Offensive vom Frühjahr 1917 schien klar: Auch ein mit gewaltiger Materialüberlegenheit geführter Angriff konnte eine gut vorbereitete, tief gestaffelte Verteidigung nicht überwinden, die vom defensiven Feuer ihrer Artillerie und Maschinengewehre optimalen Gebrauch machte.

Nichts ging mehr. *Stalemate.* Alles hatte sich festgefahren, mit dem Krieg war kein Staat mehr zu machen. Er trieb die Menschen in den Wahnsinn. Jünger und anderen gefiel das gar nicht. Jünger brauchte, wollte den Krieg, um seiner eigenen Männlichkeit willen und mit der Perspektive, aus Stahlgewittern ein neues starkes Geschlecht hervorgehen zu sehen, das die Geschicke der Menschheit zum Besseren wenden würde.

So *besang* er denn den Krieg nicht nur, sondern versuchte ihm zugleich auch wieder in die Pantinen zu helfen. Krieg sollte es ewig geben; andernfalls würde die Menschheit verarmen. Seine richtige Erkenntnis: Das Versickern operativer Bewegung im Stellungskrieg, die große Pleite, hing damit zusammen, dass die Technik, vor allem in Gestalt moderner Feuermittel, der herkömmlichen Führungskunst, Truppenstruktur und Taktik davongelaufen war. Sie hatte sich quasi defensiv verselbständigt, sich ihr gemäße taktische Formen gesucht.

Nun aber müsste es darum gehen, mit neuem Geist und frischem Mut, an deren Beschwörung Jünger emsig mitwirkte, angemessene Formen für einen aggressiven Bewegungskrieg nie dagewesener Art zu schaffen. Intensiv befasste er sich mit der Entwicklung innovativer Taktiken und Organisationsformen, wobei ihm seine Erfahrungen als Stoßtruppführer sehr zugute kamen. „In Stahlgewittern" legt davon Zeugnis ab.

Es ging ihm um die Schaffung einer Elite von „Sturmtruppen", die sich dynamisch in den Feind hineinbewegen und nicht in Frontalangriffen erschöpfen sollte. Während die Masse der Truppen wohl weiterhin die Front zu stabilisieren hätte, würde seine Elite, die Schwachpunkte des Gegners nutzend, das Blatt wenden. Auch die neuen „Sturmwagen" *(tanks)* der anderen Seite sah der Autor in diesem Kontext. An sich wären solche Maschinen nur tote Technik. Doch mit neuem Geist und den entsprechenden Bewegungsformen ließe sich über diese Innovation durchaus reden.

Nach der schließlichen Heimkehr von der Front setzte Jünger sein Engagement für den Krieg noch eine Weile fort. Im Auftrag der Reichswehrführung schrieb er die *Heeresdienstvorschrift 130* „Infanteriekampf". So gehörte er in die erste Reihe derjenigen, die den Krieg nicht missen mochten, die schuldig waren, ihn nach seinem Bankrott wiederbelebt zu haben.

Jüngers Kriegserleben

Es bleibt allerdings immer noch das Rätsel, warum Ernst Jünger – abgesehen von seinem Talent und der Herkunft aus dem rechtslastigen Bürgertum – sich seiner Passion mit so großer Überzeugungskraft, Verve und mit so wenig Selbstzweifeln hingegeben hat. Die ziemlich unkonventionelle Lösung steckt in den „Stahlgewittern". Um es vorwegzunehmen: Er war nie wirklich beschädigt worden.

Zum einen erfahren wir, dass er einen beträchtlichen Teil des Krieges gar nicht an der Front verbracht hat und offenbar von einer guten Fee durch exzellent dosierte und *getimete* Verwundungen davor bewahrt wurde, etwa durch Tod oder Verstümmelung völlig aus dem Geschehen zu scheiden.

Zum anderen müssen wir annehmen, dass er manch bedrohliche Situation nicht unbedingt im Zustand völliger Klarheit erlebt hat, sodass er ihren Druck nicht in Gänze aushalten musste. Konkret:

Jünger kam erst zur Jahreswende 1914/15 als Freiwilliger an die Front und wurde schon bald danach so schwer verwundet, dass er einen guten Teil des Jahres 1915 im Lazarett sowie in der Heimat verbrachte. Auch später gab es Verwundungen – insgesamt vierzehn, davon fünf recht schwer. Diese haben ihn ebenfalls jeweils längere Zeit vom Schlachtfeld ferngehalten. Keine aber hat ihn in seiner Gesundheit nachhaltig beeinträchtigt.

Auffällig im Übrigen, dass er dabei gelegentlich aus extremer Gefahr gerettet wurde: einmal zum Beispiel durch Verwundung vor einer Großoffensive, ein anderes Mal auf dem Höhepunkt einer solchen Operation.

Außerdem bleibt zu berücksichtigen, dass er in der Endphase des Krieges mehrmals für längere Zeit mit ausgesuchten Leuten in die Etappe geschickt wurde, um dort die neuen Angriffstaktiken zu üben, an denen ihm so viel lag.

Und was die mitunter wohl mangelnde mentale Klarheit anbelangt: Aus den „Stahlgewittern" ergibt sich ein nicht unerheblicher Alkoholkonsum unseres jungen Offiziers. Auf 290 Seiten findet das Trinken insgesamt 47mal Erwähnung. Also im Durchschnitt alle sechs Seiten, obwohl der Autor uns doch sonst so viel zu erzählen hat, geradezu überquillt vor Eindrücken.

Oft geht es um eher Normales – etwa um ein paar Bouteillen französischen Weines, die man in aller Ruhe mit dem Chef der benachbarten Kompanie leert, um den Kampfstress des Tages hinter sich zu lassen. Aber es gibt auch Hinweise auf schwerste Gruppenbesäufnisse. Stutzig macht insbesondere eine Passage, in der Jünger beschreibt, wie er aus seiner Felduniform eine Art Kampfanzug gemacht hat, wobei ihm die mit Brandy gefüllte Feldflasche offenbar als ein fester Bestandteil des Outfits gilt.

Die Frage ist also nicht ganz unberechtigt, ob sich Ernst Jünger – wie übrigens Millionen anderer Soldaten auch – vor dem Stress der Schlacht unter anderem auch dadurch schützte, dass er dem Alkohol in starkem Maße zusprach. Wenn er das immer wieder tat, und dafür spricht einiges, muss zu seiner „gottgegebenen" körperlichen Grundausstattung eine überdurchschnittlich strapazierfähige Leber gehört haben.

Wir kommen also zu der Vermutung, dass der Apologet des ewigen Krieges nur deswegen so auftreten konnte, wie seine Bewunderer es estimierten, weil eine höhere Macht ihm von Anfang an hold war und dann während der Jahre an der Front ihre Hand über ihn hielt.

Wir sehen einen zweifellos begabten jungen Menschen, der offenbar im Übermaß Schwein hatte und dieses Geschenk der Vorsehung dazu nutzte, das zu verherrlichen, was Unheil brachte.

Remarques Engagement

Werdegang

Erich Maria Remarque war ab etwa 1924 der Künstlername eines später berühmten Schriftstellers (1898–1970), eines Osnabrücker Bürgersohnes, der als *Erich Paul Remark* geboren wurde. Sein Großvater hatte die französische Schreibweise des Familiennamens zwar im 19. Jahrhundert aufgegeben, doch ist gut nachvollziehbar, dass der junge Erich die alte Fassung wiederbelebte.

Die Nationalsozialisten hingegen, die den Autor hassen lernten, behaupteten, dieser heiße eigentlich – recht vulgär – „Kramer", habe daraus ein Anagramm gebildet und dieses zudem noch „französisiert", um weltläufiger zu wirken.

Der junge Remark wollte Lehrer werden. Doch wurde er 1917 zum Heer einberufen. Er kam im Frühsommer dieses Jahres an die Westfront und wurde dort bereits nach etwa einem Monat schwer verwundet – so schwer, dass er fast bis zum Ende des Krieges in einem Militärlazarett behandelt werden musste.

Nach dem Krieg durchlief er die geplante Ausbildung, war eine Zeitlang als Lehrer tätig und hielt sich im Übrigen durch – wenig bedeutende – literarische und journalistische Arbeiten über Wasser. 1928/29 dann erschien sein erster großer Roman: „Im Westen nichts Neues", durch den er mit einem Schlage bekannt, zum *Bestsellerautor* wurde. Es folgte über die Jahrzehnte hinweg eine lange Reihe weiterer Romane, die sich zumeist ebenfalls gut verkauften und die wie der Erstling von der pazifistischen Position des Autors geprägt waren.

Nicht nur „Im Westen nichts Neues", sondern auch etliche andere Werke Remarques wurden verfilmt: erwiesen sie sich doch als gut für eine kinematografische Umsetzung geeignet. Hollywood liebte Remarque, und Remarque liebte Hollywood.

Nach der Emigration im Jahre 1933 lebte Remarque in seinen beiden Wahlheimaten: den Vereinigten Staaten und der Schweiz. 1938 wurde er US-amerikanischer Staatsbürger.

„Im Westen nichts Neues" als humanes Zeugnis

Erich Maria Remarque hat den Ersten Weltkrieg nur in einer kurzen Zeitspanne unmittelbar erlebt, allerdings auf die allerschlimmste Weise. Was er also über das Fronterlebnis schreibt, ist nur am Rande autobiografisch. Nein, sein hauptsächliches Material ist das, was er aus Hunderten von Gesprächen mit Leidensgenossen im Lazarett destillieren konnte. Lag er doch viele Monate lang mit anderen Verwundeten und Verstümmelten in einem für die damalige Zeit typischen großen Krankensaal.

Vor allem hieraus kam die Inspiration für seinen ersten, berühmten Roman: Ein junger Mann gerät an die Westfront (im Buch ist er ein Freiwilliger), erlebt den Horror des Trommelfeuers, erfährt, dass er allenfalls nur dann überleben kann, wenn er in seinen Kameraden eine schützende, auch psychisch stützende Familie findet. Die Front gerät zur Heimat.

Dies wird beim „Heimaturlaub", dem Besuch der Vaterstadt, deutlich, der nämlich eine weitgehende Entfremdung zwischen dem Frontschwein und seiner Familie sowie den alten Bekannten und Lehrern zu Tage bringt.

Wirkliche Nähe empfindet der Soldat nur gegenüber seinen Kameraden im Felde. Um sie sorgt er sich, um sie trauert er, wenn sie gefallen sind. Und dieses Schicksal ereilt schließlich auch die zentrale Figur des Romans, mit der die Leserschaft sich identifiziert hat. Das Ende ist also tragisch.

Erich Maria Remarque vermittelt, so gut er kann, denn seine sprachlichen Mittel sind begrenzt, einen realistischen Eindruck von der alles bedrohenden Gewalt des Feuers auf dem Schlachtfeld. Sein Interesse, dem er auch sprachlich eher entspricht, liegt indes bei der Schilderung des Umganges der betroffenen Menschen miteinander. Interaktion und Kommunikation stehen also im Mittelpunkt. Vermittelt wird das Gefühl, dass die Menschen einander brauchen, nicht allein sein sollten.

Einen scharfen Kontrast hierzu bietet *Ernst Jünger* mit seinem Werk „In Stahlgewittern", in dem zwischenmenschliche Kommunikation eindeutig Nebensache ist, auf ein Minimum zusammenschrumpft. Leiden und Verwundungen werden im Telegrammstil abgehakt. Im Mittelpunkt steht der einzelne Kämpfer, der monomanisch dem verheerenden Feuer trotzt und dadurch nahezu übermenschliche Statur gewinnt.

Remarque und die Nationalsozialisten

Die Nationalsozialisten hatten den bekennenden – allerdings sich unpolitisch gebenden – Pazifisten Remarque bereits seit seinem Erfolg von 1928/29 auf dem Kieker. Sprach er doch mit seiner gut verpackten Botschaft, dass es nie wieder Krieg geben dürfe, vielen, gerade auch einfachen Menschen aus dem Herzen. Und schien er doch damit einer revanchelüsternen Rechten das publizistische Wasser abzugraben – mehr sicherlich als etwa *Carl von Ossietzky* (1889–1938) mit seiner *Weltbühne*, die hauptsächlich nur linksliberale Intellektuelle erreichte.

Der eigentliche Knall kam aber, nachdem „Im Westen nichts Neues" in Hollywood von *Lewis Milestone* (1895–1980), einem Regisseur jüdischer Herkunft, verfilmt worden war *(All Quiet on the Western Front)*.

Um es am Rande zu vermerken: Dieser Film darf als eine jener wenigen gelungenen Bemühungen Hollywoods gelten, deutsches – also ziemlich exotisches – Milieu authentisch abzubilden.

Der Film wurde 1930 gedreht und sollte alsbald auch in deutsche Kinos kommen. Eine erste Vorführung gab es im Berliner *Metropol*. Zu diesem Anlass entsandte der damalige NSDAP-Gauleiter von Berlin, Goebbels, seine braunen Horden, in Saalschlachten erprobte Stoßtrupps der SA, um möglichst viel Rabatz zu machen. Das gelang denn auch. Den Kinogängern wurde das Anschauen des Films verwehrt.

Das trübe Ergebnis war, dass Stadtregierung und Polizeiführung einknickten und im Interesse der öffentlichen Ordnung jede weitere Präsentation des Films untersagten, was dann im übrigen Deutschland Schule machen sollte.

Der Film wurde später wieder zugelassen: zuerst für geschlossene Veranstaltungen, dann auch für öffentliche, aber in stark gekürzter Fassung, um 1933 von den Nazis endgültig verboten zu werden.

Die Emigration Remarques wurde bereits erwähnt, und es ist alles andere als überraschend, dass „Im Westen nichts Neues" bei der Goebbels'schen Bücherverbrennung an prominenter Stelle stand.

Die Nazis mühten sich fortgesetzt, den berühmten Autor schlecht zu reden. Die Strategie bestand darin, ihn als undeutsch, halbseiden, als Möchtegern-Weltbürger erscheinen zu lassen. Dabei halfen, wie bereits angedeutet, der fremd klingende Künstlername und die Tatsache, dass Remarque sich im Exil zum Salonlöwen mauserte. Gehörte er, der gut verdienende Erfolgsautor, doch dem *Jetset* seiner Zeit an (korrekt wohl: *Propellerset*), glänzte er doch mit zeitweiligen Gespielinnen wie *Marlene Dietrich* (1901–1992) und *Greta Garbo* (1905–1990).

Hedonismus, so meinten die Nazis, wäre etwas, das beim hartgeprüften deutschen Volk auf keinen Fall gut ankäme.

Nach dem Zweiten Weltkrieg

Etliche der Romane Remarques wurden erst nach dem Zweiten Weltkrieg verfilmt. Die entsprechenden Filme liefen mit einigem Erfolg auch in deutschen Kinos. Für die Romane selbst war hierzulande nur eine eher gedämpfte, jedenfalls keine außergewöhnliche Reaktion zu verzeichnen.
Womit hing das wohl zusammen? An den mittlerweile etwas verstaubt erscheinenden Themen des Pazifisten? Oder an den unterschwelligen Nachwirkungen der Nazipropaganda?
Besteht doch auch heute noch der Eindruck, dass Remarque bei nicht wenigen Bürgerinnen und Bürgern, denen sein Name etwas sagt, den Touch des ein wenig Unseriösen hat, was denn auch auf seine zentrale Botschaft abfärben mag. Dies aber ist ungerecht.

Nachtrag: Osnabrück, eine der beiden Städte, in denen der Westfälische Friede ausgehandelt wurde, produziert und präsentiert sich als Stätte des Engagements für den Frieden: Der Dachorganisation der deutschen Friedensforschung wurde ein mittelalterliches Gebäude als Logis überlassen. Auf dem Bahnhofsplatz fängt eine große, stählerne Plastik die Blicke der Reisenden, die sich als Aufruf gegen den Krieg versteht.
Immer wieder wird öffentlich Bezug auf das Werk Remarques und dessen Friedensforderung genommen. Systematisch geschieht dies in dem nach dem großen Sohn der Stadt benannten *Friedenszentrum*, das publizistisch und durch bürgernahe Veranstaltungen pazifistisch zu wirken trachtet.
In diesem Rahmen darf freilich sogar mit Erich Maria Remarque robust umgegangen werden. Da bemerkte in Gegenwart des Autors dieses kleinen Essays ein gar kritischer Kritiker, der sich als ganz und zuvörderst „links" definierte, dass Remarque im Roman „Im Westen nichts Neues" seinen Protagonisten bei Trommelfeuer „in Mutter Erde" Schutz suchen lasse. Dies aber sei schon fast „Blut-und-Boden-Jargon" und damit gar nicht so weit entfernt von der mentalen Strickart der Kriegsfraktion.
Remarque hätte auf so etwas wohl mit amüsiertem Unverständnis reagiert.

Kapitel 6
Nachwirkungen:
Neuzuschnitt der Welt

Ein gängiger Spruch (er geht auf Heraklit zurück, ist deswegen aber keineswegs sakrosankt) besagt, dass der *Krieg aller Dinge Vater* sei. Warum eigentlich nicht der Onkel? Im Ernst, es ist zumindest erlaubt, kritisch nachzufragen: Was genau ist der Beitrag des Krieges zur Entwicklung der Menschheit?

Zunächst ließe sich feststellen, dass es periphere Kriege gibt, die nicht sonderlich viel bedeuten, die allenfalls etwas hermachen, wenn sie reihenweise auftreten. Aber wir haben es hier mit dem Ersten Weltkrieg zu tun. Das ist doch etwas ganz anderes. Ist es das?

Sicherlich, mit diesem Krieg hat sich die Welt verändert. Aber waren es Veränderungen, die im und durch den großen Orlog originär entstanden sind? Dies ist in manchen Fällen zwar nicht auszuschließen. Doch eher ließe sich von Entwicklungen sprechen, die bereits vorher angelegt waren und die nun im Aufeinanderprallen von Menschen und Material hervorbrachen, zur vollen Blüte gelangten.

In diesem Sinne sind mannigfache Veränderungen auf zahlreichen Gebieten zu verzeichnen: Kunst, Architektur, Produktionsverfahren, Technologie, Medizin, Strategie und Politik. Um zum Beispiel kurz auf die bildende Kunst einzugehen: Bereits die Vorkriegsgesellschaft erschien vielen Künstlern zerrissen und moralisch bankrott. Das Bild vom Menschen kam ihnen verzerrt vor: aus dem Rahmen gefallen, derangiert, fraktioniert. Sie begannen darauf mit gesteigerter Expressivität, Abstraktheit oder zielloser Experimentierfreude zu reagieren. Der große Orlog dann verhalf solchen Tendenzen zum Durchbruch. Um es sarkastisch zu sagen: Wenn einer im Feuersturm nicht *Gaga* wurde, war er bereit für *Dada*.

In diesem – den Band beschließenden – Kapitel soll allerdings nicht der Versuch gemacht werden, die mit dem Ersten Weltkrieg verknüpften Veränderungen in ihrer Breite auch nur zu skizzieren, sondern es wird eine Konzentration auf die politischen Folgen geboten, wobei es eher um die national-internationale Ebene als um Entwicklungen innerhalb der einzelnen Staaten geht (die hier allerdings nicht völlig ausgeblendet werden können).

Dabei wird bewusst die Beschränkung auf die unmittelbaren, eher kurz- bis mittelfristigen Folgen transzendiert. Es soll gerade auch um die indirekten Konsequenzen, die „Fernfolgen" des Geschehens im Ersten Weltkrieg gehen: um nämlich ein Verständnis aktueller Relevanz zu befördern.

Der erste Beitrag dieses Kontextes dreht sich um die nach dem Zerfall der alten Ordnung noch stärker als zuvor blühenden Nationalismen, die den Europäern neue Instabilität bescherten: innere und äußere Imbalancen, die zu Voraussetzungen des Zweiten Weltkrieges wurden, dessen Folgen auch heute noch nicht ganz überwunden sind.

Der zweite Beitrag gilt einem besonderen Beispiel: Der Instituierung zweier Nationalbewegungen im Vorderen Orient – dem bis in unsere Tage konfliktträchtigen Versprechen an Juden und Palästinenser, in ein und derselben Region „Heimstätten" errichten zu können.

Am Schluss des Kapitels wird ein letztlich erfolgloser Versuch diskutiert, mit dem nach Ende des Ersten Weltkrieges unternommen wurde, das Chaos nationaler Egoismen zu überwinden. Es geht um den Völkerbund, dessen Scheitern freilich nicht das Ende der Bemühungen bezeichnet, den Verkehr der Staaten untereinander zu regeln und an das Recht zu binden.

Rückblickend will der Völkerbund als eine Art Testlauf für die Vereinten Nationen erscheinen: eine ebenfalls unvollkommene und verbesserungsbedürftige Institution, die aber immerhin seit fast 70 Jahren besteht und deren Existenzberechtigung kaum mehr bestritten wird.

Schub für den Nationalismus

Tendenz

Die führenden Staaten Europas erschienen vor Ausbruch des Ersten Weltkrieges als Quell und Garanten des zivilisatorischen Fortschritts. Dadurch, dass sie sich durch imperiale Ansprüche und nationalistische Bestrebungen in diesen Krieg hineintreiben ließen, hatten sie ihren Kredit, ihre Würde als zivilisierte Geschichtssubjekte verspielt.

Frankreich und Großbritannien, die beiden wesentlichen imperialen Mächte auf der Siegerseite gingen geschwächt aus dem Ersten Weltkrieg hervor. Sie hatten ihre Ressourcen überstrapaziert (ökonomisch wichtige Gebiete Frankreichs waren verwüstet). Dadurch, dass die Vereinigten Staaten ihnen gegen Ende hatten aushelfen müssen, verloren sie an internationalem Status und Einfluss – und zwar auf Dauer.

Die mit dem Ersten Weltkrieg erfolgende Delegitimierung Großbritanniens und Frankreichs als Mächte globalen Einflusses ermutigte nationalistische Unabhängigkeitsbestrebungen in den jeweiligen Kolonien: Bestrebungen, die sich bereits vor der großen Katastrophe formiert hatten. In diesem Sinne ist der Erste Weltkrieg als wirkungsvoller Beschleuniger jener Tendenzen zu begreifen, die nach dem Zweiten Weltkrieg zur allgemeinen Entkolonisierung führten (dazu pointiert Jan C. Hansen, Jürgen Osterhammel: Dekolonisation. Das Ende der Imperien, München 2013).

Die Schwächung des Imperialen, seine fundamentale Krise, wird allerdings noch deutlicher, wenn der Blick auf die großen Verlierer des Ersten Weltkrieges in Europa fällt: Deutschland, Russland und Österreich-Ungarn.

Das Deutsche Reich wurde mit dem Friedensvertrag von *Versailles* (1919) zu drückenden Reparationsleistungen verurteilt, verlor alle Kolonien und etliche Gebiete an seiner Peripherie in Mitteleuropa: an Dänemark, Belgien, Polen sowie vor allem Frankreich. Die Reichsidee erschien nun weniger tragfähig, der Nationalismus – vor allem angesichts der Gebietsverluste an die Nachbarn – erblühte umso mehr.

Die beiden anderen großen Verlierer mussten in viel größerem Stil neuen Ansprüchen Platz machen. Will sagen: Völker bekamen – als Erfüllung nationalistischer Verheißungen – ihre „eigenen" Staaten.

Damit galt die Landkarte wohl als neu geordnet, aber keineswegs in einem Sinne, der Friedfertigkeit für die Zukunft versprach. Mit den neuen Grenzen waren die Ansprüche an den jeweils anderen keineswegs erledigt, und als Folge des Krieges erschienen viele Staaten im Innern instabil.

Massenelend und neue politische Eliten, die sich ihrer frisch erlangten Macht nicht sicher fühlten, kennzeichneten das Bild. Autoritäre Regierungsformen breiteten sich epidemisch aus. Faschismus und Nationalsozialismus, Verursacher des Zweiten Weltkrieges, waren Teil dieser Entwicklung.

Es erscheint notierenswert, welche neuen staatlichen Gebilde uns der Erste Weltkrieg beschert hat (und was aus den alten wurde), denn davon ist die Landkarte unseres Kontinents noch heute geprägt:

Aus dem Zarenreich wurde die Sowjetunion – ebenfalls ein Vielvölkerstaat. Im Transitionsprozess entstand das unabhängige Finnland. Hinzu kamen die drei baltischen Republiken, welche allerdings „zwischendurch" (über 50 Jahre lang) unter Sowjetherrschaft standen. Und dann war da plötzlich Polen, aus von Russland, Österreich-Ungarn und Preußen-Deutschland angeeigneten Teilen neu komponiert. Später vergewaltigt, befreit, im Gebietsschwerpunkt verlagert, politisch vereinnahmt und schließlich erneut unabhängig.

Ganz anders der Fall der Donaumonarchie: Sie zerbrach und löste sich in eine Reihe neuer Staaten auf. Aus dem Kern wurden Österreich *und* Ungarn. Ersteres hatte Land an Italien abzugeben, während letzteres erhebliche Gebiete vor allem an Rumänien verlor. (Dieses erhielt außerdem große Territorien von der jungen Sowjetunion als der Erbin des Zarenreiches.)

Andere Völkerschaften der k. u. k.-Monarchie, die sich gegenwärtig in eigener Staatlichkeit organisiert finden, gingen nach dem Ersten Weltkrieg allerdings den Weg des Bundes beziehungsweise eines „gemeinsamen Hauses": nämlich die Tschechen und Slowaken in der *Tschechoslowakei* sowie Serben, Makedonier, Kosovaren, Bosniaken, Montenegriner, Kroaten und Slowenen – unter serbischer Führung – im Königreich *Jugoslawien*, aus dem später eine Volksrepublik wurde.

Bekanntlich haben diese Vereinigungen den Test der Zeit nicht überstanden. So als hätte der mit dem Ersten Weltkrieg einen Wachstumsschub erfahrende Spaltpilz sich am Ende auch hier durchgesetzt. *Angespielt wird mit dieser Bemerkung vor allem auf die Zeit der frühen 1990er Jahre, während der bei einer weiteren*

Transition, nämlich der von der Sowjetunion zum neuen Russland, außer den drei baltischen zehn weitere Republiken in die Unabhängigkeit entlassen wurden.

Zu guter Letzt noch ein Wort über einen Staat, der vor dem Weltkrieg um seine Unabhängigkeit rang, danach aber Opfer, jedenfalls nicht handelndes Objekt war: Albanien. Dieses Land wurde während des Krieges zuerst von montenegrinischen, italienischen und griechischen Truppen besetzt und danach von bulgarischen und österreichisch-ungarischen.

Nach Kriegsende mauserte es sich zu einer „gewöhnlichen" balkanischen Diktatur (um uns auch einmal ein Vorurteil zu gestatten) und wurde zu einer Art Protektorat des faschistischen Italien. Konflikte mit Jugoslawien waren programmiert.

Muster

Während der Nationalismus als kriegstreibende Kraft auf dem alten Kontinent (um den es im vorherigen Abschnitt hauptsächlich ging) *zunächst noch* Ruhe gab, kam es als Folge des Ersten Weltkrieges im Vorderen Orient alsbald zu einem offenen bewaffneten Konflikt.

1920 griffen – von panhellenischen Träumen beflügelt – griechische Truppen die am Boden liegende Türkei an und drangen in die Tiefe Kleinasiens vor. Dabei genossen sie Materialunterstützung durch Großbritannien und wohl auch die junge Sowjetunion. Die Begründung für die Invasion war, dass die in der Türkei ans Ruder gekommenen neuen Kräfte die im Frieden von Sèvres (1920) vorgesehenen Gebietsabtretungen an Griechenland nicht akzeptierten:

Es ging um einige ägäische Inseln, Ost-Thrakien und ein fünfjähriges Mandat für Smyrna *(Ismir).*

Imperiale Gelüste eines nationalistischen Kleinstaates stießen auf die Konsolidierungsbemühungen eines zwar immer noch großen, aber ungeheuer geschädigten Landes. (Das alte Osmanische Reich war zur Türkei geworden, durch den Weltkrieg im Wesentlichen auf das kleinasiatische Kerngebiet reduziert, und man begann sich mühevoll darin einzurichten.)

Der Führer auf türkischer Seite, Mustafa Kemal, ließ seine Truppen sich regenerieren, überforderte sie nicht, wählte die operativ-strategische Defensive in den weiten Räumen des Landes.

Die griechische Offensive lief sich tot. In energischen Gegenangriffen wurden die Invasoren an die Küste und zur Einschiffung in Richtung Heimat getrieben. Der Krieg war 1922 zu Ende. Seine unmittelbare Folge: die Vertreibung der kleinasiatischen Griechen und, bald danach, die der noch in Griechenland siedelnden Türken. Mustafa Kemal, zum Beispiel, hatte Verwandte in seiner Heimatstadt Saloniki.

Heute würden wir von „ethnischer Säuberung" *(ethnic cleansing)* sprechen. Wir haben es also mit etwas „ganz Modernem" zu tun. Das entsprechende Verhaltensmuster erscheint als direktes Produkt nationalistischer Bestrebungen. Man träumt von *einem* Volk, von möglichst großer kultureller, sprachlicher und religiöser Homogenität.

Nur ist solcherart Homogenität meist alles andere als leicht zu erreichen (und gelegentlich sind jene, denen „homogenisierende" Migration zugemutet wird, damit überhaupt nicht einverstanden). Die Geschichte hat mitunter gar wunderliche Grenzverläufe geschaffen, und die verschiedensten Volksgruppen leben häufig in buntester territorialer Verquickung. Eine gewaltsame Entflechtung ist politisch nicht immer durchsetzbar und im Übrigen schreiendes Unrecht.

So wurde nach dem Ersten Weltkrieg in Europa, wo es den Siegermächten ebenfalls um ethnische Homogenisierung, die „Heimholung verlorener Töchter und Söhne" ging, ein Verfahren angewendet, das höhere Legitimität versprach. Es sind Bevölkerungsgruppen, deren nationale Zuordnung zur Debatte stand, nach ihrer Option befragt worden. Dieses Verfahren ist auch heute noch relevant.

Um nur auf die damaligen Gebietsansprüche an das Deutsche Reich einzugehen: Es gab Abstimmungen in manchen der Territorien, die von Dänemark (welches am Krieg gar nicht teilgenommen hatte), Belgien und Polen beansprucht wurden.

Nur im Falle Nordschleswigs, wo man für Dänemark optierte, dürfte alles mit rechten Dingen zugegangen sein. In den anderen Fällen gab es durchaus berechtigte Zweifel. Das Befragungsverfahren („Volksabstimmung"), das die Legitimität der territorialen Neuordnung erhöhen sollte, hatte offenbar gewisse Defizite.

Der Eindruck, dass es letztlich doch um das Recht des Siegers ging, wurde noch dadurch erheblich verstärkt, dass in manchen der fraglichen Gebiete überhaupt keine Volksabstimmung stattfand. Dies traf vor allem auf Elsass-Lothringen zu, das von Frankreich zu seinen Herzlanden gezählt wurde.

Hypothek in Palästina

Zwei Hähne auf engem Hof

Im 19. Jahrhundert entwickelten zwei Gruppierungen von Menschen, die uns in dieser Betrachtung interessieren, die Meinung, Nationen zu sein: die Juden Europas und die Araber des Vorderen Orients. In sich waren diese Gruppierungen relativ heterogen. Ihr jeweiliger Schatz an Gemeinsamkeiten schien recht begrenzt. So definierten sie sich eher über die Vorurteile und Urteile ihrer Umwelt als über das, was sie miteinander teilten.

Sowohl die Juden als auch die Araber litten unter dieser Umwelt – die einen unter dem Antisemitismus, der nach der napoleonischen „Judenbefreiung" zu blühen begann, die anderen als Paria des Osmanischen Reiches. Es gab Gründe genug, sich zu emanzipieren.

Man konstruierte sich jeweils als „Volk" – mit eindrucksvoller, in sich stimmiger Vergangenheit. Und dieses Volk gab sich nationalistisch, ganz nach dem damals in Europa grassierenden Modell.

Man war fortschrittlich, dynamisch und meldete Ansprüche an, deren eventuelle Realisierung nicht unbedingt Rücksicht auf die Interessen anderer nahm. Kategorischer Imperativ? Fehlanzeige.

Auf jeden Fall wollte man einen *eigenen Staat*, da das Leben in den Gehäusen anderer immer weniger hinnehmbar erschien. Es kann hier nicht darum gehen, im Einzelnen nachzuvollziehen, wie und in welcher Richtung sich der Wunsch nach eigenem Land mit letztlich staatlicher Qualität entwickelte. Festzuhalten bleibt, dass die nationalistischen Juden, die „Zionisten", sich Anfang des 20. Jahrhunderts auf Cisjordanien kaprizierten, während die Araber des Vorderen Orients das ganze Palästina, also auch Transjordanien, im Blick hatten.

Im Ersten Weltkrieg, und damit begann das eigentliche Drama, bemühten sich beide Seiten, von der Entente für den Fall des Sieges über die Türkei Garantien im

Sinne der jeweiligen Sache zu erhalten: Da war *Hussein Ibn Ali* (1854–1931), von 1916 bis 1924 König des Hedschas. Er hatte 1915/16 einen Briefwechsel mit *Sir Arthur Henry McMahon* (1862–1949), dem britischen Hochkommissar in Ägypten. Der orientalische Fürst bot darin Unterstützung im Kampf gegen die Türkei an – und zwar in der Form eines bewaffneten „Aufstandes in der Wüste". McMahons Gegenleistung bestand in der Verheißung eines eigenen Staates der Araber in Palästina. Jedenfalls wurden die nicht sehr präzisen Formulierungen des Briten in der arabischen Welt entsprechend gedeutet. Und es schien dann so, dass die für den Nahen Osten zuständigen Autoritäten Großbritanniens zu dem gegebenen Wort standen: Waffenlieferungen gingen an aufständische Beduinen.

Mittlerweile hatten Führer der zionistischen Bewegung direkt die Regierung in London kontaktiert und die umfassende Unterstützung der durch sie vertretenen Juden im Krieg gegen die Mittelmächte (samt Türkei) angeboten. In einer Zeit, als das „Zionistische Maultierkorps" *(Zionist Mule Corps),* eine freiwillige Logistiktruppe auf Seiten der Entente, vor Gallipoli bereits allerschwerste Verluste erlitten hatte.

Das Ergebnis war die – ebenfalls als Brief gefasste – *Balfour-Deklaration* vom November 1917, in welcher der damalige britische Außenminister, *Sir Arthur James Balfour* (1848–1930), der Judenheit eine „nationale Heimstatt" in Palästina garantierte.

Britische Autoritäten hatten also der Unterstützung im Kriege wegen zwei verschiedenen Interessengruppen Versprechen gegeben, die ein veritables Konfliktverhältnis begründeten.

Als Großbritannien 1920 auf der internationalen (Kriegsfolgen-)Konferenz in San Remo das Mandat für Palästina erhielt, war damit zugleich auch die nationale Heimstatt der Juden völkerrechtlich abgesichert, und zwar unter Maßgabe eines friedlichen Zusammenlebens mit den anderen in Palästina siedelnden Bevölkerungsgruppen.

Der arabische Protest war lautstark, nahm zunehmend gewalttätige Formen an. Daraufhin teilte Großbritannien das Mandatsgebiet: nämlich in das Emirat Transjordanien, welches als rein arabisches Gebiet vorgesehen war, und in Cisjordanien (Palästina im engeren Sinne), wo es neben anderen Bevölkerungsteilen die in ihrem Existenzrecht gesicherte jüdische Gemeinschaft geben sollte.

War vorher die jüdische Einwanderung nach Palästina noch recht begrenzt gewesen, treibende Kraft: der Antisemitismus im Zarenreich, gab es vom Ende des Ersten Weltkrieges an immer größere Immigrationswellen: Antisemitismus im autoritär regierten Polen, Machtergreifung der Nationalsozialisten, Flucht vor der Vernichtung, Endstation der Überlebenden.

Der arabische Protest steigerte sich, die jüdische Gegenwehr ebenfalls. Die Mandatsverwaltung griff zu drakonischen Strafmaßnahmen. Die Einwanderung aus Europa wurde erst reguliert und dann völlig unterbunden, was jüdischen Terror provozierte. Palästina war ein Land der Unruhe geworden und Großbritannien bereit, sein Mandatsgebiet aufzugeben.

Im November 1947 kam es in der Generalversammlung der gerade erst gegründeten Vereinten Nationen zu einem von arabischer Seite vehement bekämpften Beschluss: Teilung Palästinas nach *ethnischen Kriterien* und staatliche Unabhängigkeit für die jüdische Heimstatt. (Transjordanien war bereits vorher unabhängig geworden.)

Im Mai 1948 dann wurde der Staat der Juden gegründet, worauf ein Krieg mit den angreifenden arabischen Nachbarn begann, der – aus der Defensive heraus – mit signifikanten Gebietsgewinnen Israels endete. Zuvor hatten Flucht und Vertreibung von insgesamt etwa 600 000 arabischen Palästinensern begonnen.

Dem folgte, was oft unterschlagen wird, eine Vertreibung von Juden aus arabischen Ländern, und zwar in ähnlicher Größenordnung.

Schlechte Aussichten

Seit der Staatsgründung und der Abwehr der arabischen Invasoren hat Israel fünf Kriege geführt beziehungsweise führen müssen (1956, 1967, 1973, 1982, 2006), wovon die letzten beiden, Libanon I und II, alles andere als glorreich ausgingen.

Israels bedeutende militärische Stärke scheint sich als Garant stabiler, friedlicher Entwicklung langfristig nicht auszuzahlen. Es klingt trivial: Politische Verständigung ist gefragt – etwa das Anknüpfen an frühere, verschüttete Bemühungen auf diesem Gebiet. Man denke an den „Oslo-Prozess" in den 1990er Jahren! Doch die Aussichten, dass auf diesem Wege sehr Wesentliches verändert werden kann, sind trübe. Das Problem liegt nicht nur darin, dass aus dem 19. Jahrhundert stammende und im Ersten Weltkrieg lizensierte Nationalismen auf engem Raum konfrontiert sind. Es ist auch in einigen die Situation noch erschwerenden Entwicklungen begründet, die in diesem Zusammenhang nur kurz angesprochen werden können:

Da ist etwa die zunehmende Religiosität beziehungsweise der wachsende Einfluss der Religiösen auf beiden Seiten. Politische – insbesondere auch nationalistische – Ansprüche erhalten dadurch „höhere Weihen", ein vermeintliches Plus an Legitimität, was dann am Ende die Kompromissfindung erheblich erschwert.

Die demografische Entwicklung schafft politische Probleme, und das in doppelter Hinsicht. Dass die arabisch-palästinensische Bevölkerung schneller wächst als die jüdisch-israelische verursacht Ängste vor einer „Überflutung". Und dass unter den Juden der religiöse Block ein besonders hohes Wachstum aufweist, und diese Zunahme auch in politischen Einfluss umgemünzt wird, behindert eine flexible, für Zugeständnisse offene Friedensstrategie in besonderem Maße.

Ein weiterer Stein des Anstoßes ist das israelische Besatzungsregime auf der *West Bank*, das ursprünglich Sicherheitskalküle reflektierte, sich über die Jahre aber verselbständigt hat und nun einen religiös verbrämten Expansionismus einlädt (Siedlungen).

Zur Politik der Konfrontation trägt vor allem auch bei, dass die Repräsentation palästinensischer Interessen durch populistisch konkurrierende Gruppierungen wahrgenommen wird, deren Strukturen zumindest partiell autoritäre oder gar mafiöse Züge tragen.

Schließlich ist auf einen sich verschärfenden Ressourcenkonflikt hinzuweisen. Israel, vor allem sein jüdischer Teil, hat sich dynamischer entwickelt als die arabische Umwelt. Ein relativ hoher Entwicklungsstand ist nur zu erreichen, wenn hinreichende Mengen Wasser zur Verfügung stehen, das im Nahen Osten bekanntlich besonders knapp und kostbar ist. So hat der jüdische Staat Tempo und Stand seiner Entwicklung als Rechtfertigung dafür benutzt, den arabischen Nachbarn im eigentlichen Wortsinne das Wasser abzugraben.

Die im Rahmen des Oslo-Prozesses begonnenen und aus kurzsichtigen Machtkalkülen ad acta gelegten Vorarbeiten an einem großen Projekt zur Süßwassergewinnung, dessen Output *allen* regionalen Interessenten zugute kommen würde, müssten – etwa mit Unterstützung der Europäischen Union – dringend wieder aufgenommen werden. Vielleicht ließe sich auf diese Weise die Kuh endlich vom Eis holen.

Eine höhere Ebene

Völkerbund

Der Erste Weltkrieg mit seinem Horror hatte sich vor allem in Europa abgespielt. Hier waren nationalistische Egoismen verheerend zum Ausbruch gekommen. Doch kam die Initiative, in der Zukunft bewaffnete Konflikte möglichst zu vermeiden, *über* den Nationalstaaten eine Ebene der Befriedung zu schaffen, aus den USA: nämlich 1918 von deren Präsidenten *Thomas Woodrow Wilson* (1856–1924).

In einem 14 Punkte-Katalog zur Nachkriegsordnung forderte der Präsident einen Zusammenschluss der Nationen, ein Friedensregime für die Welt. Daraufhin wurde Anfang 1920 der Völkerbund gegründet, mit Sitz in Genf.

Gründungsmitglieder, 32 an der Zahl, waren die Siegermächte des Ersten Weltkrieges (darunter zum Beispiel auch jene Staaten Südamerikas, die den Mittelmächten erst dann den Krieg erklärt hatten, als der Ausgang absehbar war).

Nach und nach wurden aber auch andere Länder zugelassen oder kooptiert, darunter die Verlierer des Krieges. Höchstzahl der Mitglieder: 58.

Etliche andere Länder aber wählten die Absenz. Darunter befanden sich seltsamerweise auch die Vereinigten Staaten von Amerika: Sei es, weil Mr. Wilson den US-Senat nicht hinreichend in seine Initiative eingebunden, sei es, weil das Pendel der politischen Stimmung in den USA in Richtung *Isolation* ausgeschlagen hatte.

Der Völkerbund überwachte die Einhaltung von Friedensverträgen, machte den Konfliktparteien der Welt Schlichtungs- und Schiedsangebote und betrieb zudem durch die Einrichtung eines *Ständigen Internationalen Gerichtshofes* in den Haag die Verrechtlichung der zwischenstaatlichen Beziehungen.

In diesem Zusammenhang ist vor allem eine wesentliche Errungenschaft auf dem Gebiet des Kriegsvölkerrechts zu vermerken, die als unmittelbare Konsequenz des Ersten Weltkrieges zu sehen ist: Mit dem *Genfer Protokoll* von 1925, das auf eine Initiative des Völkerbundes hin zu Stande kam, wurde das Verbot der

Verwendung von „erstickenden, giftigen oder ähnlichen Gasen und bakteriologischen Mitteln" allgemeinverbindlich.

Der Völkerbund konnte zwar Sanktionen gegen Rechtsbrecher beschließen: etwa Embargos, deren Realisierung allerdings vom guten Willen der Mitgliedsländer abhing. Über Machtmittel im eigentlichen Sinne verfügte die Organisation jedoch nicht.

Zwar gelang die friedliche Beilegung von Streitigkeiten: allerdings nur in Fällen, bei denen es um eher zweitrangige Konflikte kleinerer Nationen ging.

Handelte es sich aber um schwerwiegende Rechtsverletzungen, die von gewichtigen Nationen verübt wurden, man denke an die Interventionen Japans in China und Italiens in Abessinien während der 1930er Jahre, erwies sich der Völkerbund als hilflos. Und bei den Bemühungen, den Ausbruch eines weiteren großen Krieges auf der Welt zu verhindern, war er weitgehend irrelevant.

Die ungerecht erscheinende Regelung der Mitgliedschaft und vor allem die amerikanische Abstinenz hatten schon von Anfang an wesentlich zur Schwäche des Völkerbundes beigetragen.

Von akademischen Beobachtern, deren geistige Nachfahren sich heute „Realisten" nennen, wurde der Sinn des Unterfangens, eine Kommunikationsebene über den Nationalstaaten zu etablieren, prinzipiell bestritten. In einer als anarchisch zu verstehenden Welt könnten nur die Staaten mit ihrer militärischen Macht die Träger von Kompromissen und damit begrenzter Stabilität sein.

Die Idee einer Friedensordnung für die Welt sei illusionär, führe zu Fehlwahrnehmungen und lade dadurch letztlich zum Krieg ein (dazu Harald Kleinschmidt: Carl Schmitt als Theoretiker der internationalen Beziehungen, Studien zur Internationalen Politik, Hamburg, Heft 2, 2004).

1946 wurde der Völkerbund offiziell beerdigt.

Vereinte Nationen

Ein Jahr bevor der Völkerbund sein offizielles Ende fand, wurden die Vereinten Nationen (VN) gegründet. Diese Institution sollte die alte ablösen, einen neuen Anlauf wagen, die Fehler der Vergangenheit vermeiden. Doch bald geriet auch diese neue Institution in die Kritik. Dabei erhoben wiederum die „Realisten" lautstark ihre Stimme.

Zwar ist die Regelung der Mitgliedschaft in den Vereinten Nationen von Offenheit geprägt. So sind gegenwärtig fast alle zumindest formal unabhängigen Staaten in der Generalversammlung vertreten.

Doch haben bestimmte Staaten ein besonderes Gewicht. Die fünf ständigen Mitglieder des – letztlich entscheidenden – Sicherheitsrates, es sind die Atomwaffenbesitzer der „ersten Runde", haben bekanntlich in allen wesentlichen Fragen ein Vetorecht. Können sie sich zusammenraufen, steht hinter ihrer Entscheidung geballte Macht. Gelingt das nicht, sind die VN handlungsunfähig. *Man denke etwa an das Versagen, mit der Hypothek „Palästina" konstruktiv umzugehen!*

Eine besondere Beeinträchtigung der Friedensordnung, die mit der Charta der Vereinten Nationen angestrebt wird, besteht darin, dass der immer noch mächtigste Staat der Welt, die USA, sich über das Völkerrecht stellt. Es ist zum Beispiel US-amerikanische Doktrin, militärische *Präventionen*, diese verstoßen gegen die VN-Charta, als *Präemptionen* anzusehen, die unter Umständen erlaubt sind.

Werden also die Vereinten Nationen am Ende das Schicksal des Völkerbundes erleiden? Wohl kaum. Die VN bestehen immerhin seit fast 70 Jahren und haben in dieser Zeit als globales Forum, vor dem sich die Staaten, auch etwa die USA, rechtfertigen müssen, beträchtliche Legitimität angehäuft. Es mag sein, dass die VN eher auf peripheren Schauplätze durchsetzungsfähig sind als auf zentralen. Aber auch in machtpolitisch weniger relevanten Gebieten geht es um Menschen, die in Frieden leben wollen. Hier wurde Großes geleistet.

Und das Problem der Privilegien weniger Mächte, der hegemonialen Rolle der Vereinigten Staaten? Es gibt Modelle für eine Reform der Vereinten Nationen, die eine breiter fundierte Legitimation der Entscheidungen des Sicherheitsrates und eine Einschränkung der bestehenden Vetoregelung anstreben. Diese werden dann ihre Chance erhalten, wenn sich die Welt weiter in Richtung einer multipolaren Ordnung entwickelt. Es gibt also Hoffnung.

Allerdings: Die Hoffnung ist einer These konfrontiert, welche besagt, dass die institutionellen Vorkehrungen zur Regelung des Zusammenlebens der Völker sich zwar immer mehr entfaltet haben und auch wirksamer geworden sind. Dass die reale Welt mit ihren Egoismen und Machtkonkurrenzen dieser Entwicklung bisher aber immer ein Stück voraus war (Mark Mazower: Die Welt regieren. Eine Idee und ihre Geschichte, München 2013).

Materialanhang

Opferzahlen

Diese Übersicht liefert Auszüge aus der Opferstatistik des Ersten Weltkrieges (Hauptquelle: Enzyklopädie Erster Weltkrieg, dazu eigene Plausibilitätsprüfungen).
Der Erste Weltkrieg kostete über 9 Millionen Soldaten das Leben. Etwa 20 Millionen wurden verwundet.
Die *Schätzung der Ziviltoten* ergibt eine Zahl, die bei fast 8 *Millionen* liegt. In diesem horrenden Umfang sind auch jene 700 000 Menschen enthalten, die in Deutschland wegen Unterernährung starben. Die große Mehrzahl davon verhungerte im Winter und Frühjahr 1916/17 *(Steckrübenwinter)*. Damals kumulierten die Auswirkungen der britischen Seeblockade und die Folgen einer Missernte im Reichsgebiet.

Daten für ausgewählte Länder

Das Deutsche Reich, das mehr als 13 Millionen Soldaten aufgebracht hatte, musste über 2 Millionen getötete Soldaten beklagen (ca. 15 %).

Russland verzeichnete, bei einer Gesamtheit von unter 16 Millionen Soldaten, 1,8 Millionen, die im Krieg blieben (ca. 11 %).

Österreich-Ungarn konnte rund 9 Millionen Soldaten aufbringen, von denen fast 1,5 Millionen getötet wurden (ca. 16 %).

Frankreich rief im Mutterland über 8 Millionen Soldaten zu den Fahnen, von denen über 1,3 Millionen starben (ca. 16 %).

Aus den französischen Kolonien wurden 450 000 Soldaten herangezogen, von denen fast 80 000 umkamen (ca. 17 %).

Großbritannien und Irland zählten, bei einer Gesamtzahl von 6,1 Millionen, 750 000 Soldaten, die nicht zurückkehrten (ca. 12 %).

Aus den Kolonien des Empire kamen 2,4 Millionen Soldaten, von denen über 100 000 im Krieg blieben (ca. 4 %).

Australien und Neuseeland verzeichneten fast 80 000 Tote bei einer Gesamtzahl von 430 000 entsandten Soldaten (ca. 18 %)

Italien, mit seinen 4,3 Millionen Soldaten, hatte Todesopfer im Umfang von 460 000 Mann (ca. 11 %).

Die Türkei mobilisierte insgesamt 1,6 Millionen Soldaten, von denen im Krieg über 300 000, oder ca. 20 %, ihr Leben verloren.

Die Vereinigten Staaten entsandten 2,1 Millionen Soldaten nach Europa. Dem standen knapp 120 000 gegenüber, die im Krieg blieben (ca. 6 %).

Die relativ höchsten militärischen Verluste verzeichnete Serbien, das bei einer Gesamtzahl von 750 000 Soldaten etwa 250 000 Getötete (oder 33 %) hinnehmen musste. Und im Falle Rumäniens lag der Anteil der Todesopfer bei immerhin 25 % (250 000 von 1 000 000).

Im Übrigen: Serbien und das kleine Montenegro hatten die relativ größten Opfer unter der Zivilbevölkerung zu beklagen: Während Serbien im Ersten Weltkrieg etwa 11 % aller seiner Menschen verlor, waren es in Montenegro sogar ca. 16 % (!).

Demografie

Zahlreiche Länder, die am Krieg teilgenommen hatten, standen danach vor der Aufgabe, eine – mehr oder minder ausgeprägte – demografische Katastrophe zu bewältigen: Es mangelte an Männern, vor allem an jüngeren. Darunter litten die wirtschaftliche Entwicklung und die natürliche Reproduktion der Bevölkerung.

In manchen Ländern bedurfte es einiger Dekaden, bis diese negativen Auswirkungen des demografischen Ungleichgewichts nicht mehr unmittelbar spürbar waren.

Leseliste

Berghahn, V. R., Der Erste Weltkrieg, München 2003.
Clark, C., Die Schlafwandler. Wie Europa in den Ersten Weltkrieg zog, München 2013.
DER SPIEGEL, Geschichte Nr. 5/2013, Der Erste Weltkrieg. 1914–1918: Als Europa im Inferno versank.
Ferguson, N., Der falsche Krieg. Der Erste Weltkrieg und das 20. Jahrhundert, München 2001.
Fischer, F., Griff nach der Weltmacht, Düsseldorf 1961.
Guderian, H., Achtung – Panzer! The Development of Armoured Forces, their Tactics and Operational Potential (engl. Übersetzung der Erstausgabe von 1937), London 1992.
Haffner, S., Die sieben Todsünden des Deutschen Reiches im Ersten Weltkrieg, Bergisch Gladbach 2001.
Hirschfeld, G. et al. (Hg.), Enzyklopädie Erster Weltkrieg, Paderborn 2009.
Howard, M., Kurze Geschichte des Ersten Weltkrieges, München 2004/5.
Keegan, J., Der Erste Weltkrieg. Eine Europäische Tragödie, Reinbek b. Hamburg 2001.
Krockow, C. Graf von, Kaiser Wilhelm II. und seine Zeit, Berlin 1999.
Liddell Hart, B. H., Strategy, New York, New York 1962 .
Mommsen, W. J., Der Erste Weltkrieg. Anfang vom Ende des bürgerlichen Zeitalters, Bonn 2004.
Mosier, J., The Myth of the Great War. A New Military History of World War I, New York, New York 2001.
Rauchensteiner, M., Der Tod des Doppeladlers. Österreich-Ungarn und der Erste Weltkrieg, Wien – Graz 1994.
Renn, L., Krieg, Frankfurt am Main 1929, Berlin 2002.
Rommel, E., Infantry Attacks (engl. Übersetzung der Erstausgabe von 1937 „Infanterie greift an"), London 1990.
Schivelbusch, W., Die Kultur der Niederlage, Berlin 2001.
Schneider T. F., Von Richthofen bis Remarque. Deutschsprachige Prosa im I. Weltkrieg, Amsterdam 2003.
Solschenizyn, A. I., August 14, München 1972.
Tuchman, B., August 1914, Frankfurt am Main 2001.

Tucker, S. (ed.), The Encyclopedia of World War I. A Political, Social and Military History, Santa Barbara, California, 2005.

Wallach, J., Das Dogma der Vernichtungsschlacht. Die Lehren von Clausewitz und Schlieffen und ihre Wirkungen in zwei Weltkriegen, Frankfurt am Main 1967.

Ders., Anatomie einer Militärhilfe. Die preußisch-deutschen Militärmissionen in der Türkei 1835–1919, Düsseldorf 1976.

Wehler, H.-U., Das Deutsche Kaiserreich 1871–1918, Göttingen 1973.

Autor

Lutz Unterseher ist Soziologe und Politologe, in Münster habilitiert, wo er Politikwissenschaft lehrt. Schwerpunkte: Internationale Beziehungen und Militärtheorie.

Er war lange in der kommerziellen empirischen Sozialforschung und als Berater in Verteidigungsfragen tätig: für Parteien, Streitkräfte und Regierungen in Europa, Südafrika und Südamerika.

Er lebt als Pensionär in Spandau und widmet sich militärhistorischen Studien.

Neuere Buchpublikationen

Tiefschläge: Dem Feind in den weichen Unterleib. Zur Kritik militärischer Bedrohung gegnerischen Hinterlandes, Berlin 2013 (Reihe *Human Security*, hrsg. von August Pradetto).

Frieden schaffen mit anderen Waffen? Alternativen zum militärischen Muskelspiel, Wiesbaden 2011.

Military Intervention and Common Sense, Cambridge, Massachusetts, 2009.

MIX
Papier aus verantwortungsvollen Quellen
Paper from responsible sources
FSC® C105338
www.fsc.org

If you have any concerns about our products,
you can contact us on
ProductSafety@springernature.com

In case Publisher is established outside the EU,
the EU authorized representative is:
**Springer Nature Customer Service Center GmbH
Europaplatz 3, 69115 Heidelberg, Germany**

Printed by Libri Plureos GmbH
in Hamburg, Germany